남자 에이징 사용 설명서

남자는 나이를 다르게 먹는다

에카르트 하머 지음
최경은 옮김
이정 삽화

도서출판 월인

옮긴이의 글 : 21세기 학문 노인학을 위하여

평일에 한강 자전거도로를 가보면 마주치는 사람의 절반은 백발이 성성하신 노인들이다. 멋진 헬멧, 화려한 색상의 상의, 흉측해 보일 수도 있는 엉덩이 패드를 붙인 자전거용 쫄바지, 그리고 수백 만 원을 호가하는 날렵한 사이클 등 어느 젊은이에 못지않은 화려한 모습이다. 어린 시절, 곰팡내 풍기며 곰방대를 손질하고, 바둑과 기침으로 하루를 보내셨던 할아버지의 모습은 더 이상 없다.

21세기는 노인의 시대다. 독일을 비롯한 유럽에선 '노인학 Gerontologie'이 각광받는 학문으로 등장했다. 우리나라에서도 노인 문제는 현재 주목 받고 있다. "부동산을 줄이고 금융자산을 늘려라", "소득의 삼층밥을 지어라", "현역 기간을 최대한 늘려라" "100세 시대" 등의 문구로 노후 대책을 충고해주는 칼럼들을 어디서나 쉽게 읽을 수 있다.

독일 루드비히스부르크 대학에서 노인학을 가리키는 에카르트 하머Eckart Hammer는 "조금 다른 남성 에이징 사용설명서"를 내놓았다. 우리나라에선 칼럼의 소재로나 등장하는 노년의 대책이나 50세 이후의 남성의 삶 등을 그는 학문적으로 접근하고 있다. 노인학이란 학문 분야는 우리에게는 아직 생소하다. 노인학이란 "노화와 노년에 관련된 현상들을 간학문적으로 연구하는 학문 분야이다."[1)] 특히 노인학은 여성보다는 남성 노인에 대한 연구가 핵심 영역이다. 특히 50세 후의 남자가 연구의 주요 대상이다. 예컨대 직장 생활보다 더 길어지는 정년 후의 시간을 어떻게 꾸려나갈 것인가? 노년에 이르면 부부는 왜 그토록 상이하게 살아가는가? 여성이 대부분인 노인 사회에서 남성의 자리는 어디인가? 남자는 육체적 손실과 노화를 어떻게 극복하는가? 늙은 남자의 자살률은 왜 그토록 높은가? 왜 남자는 여자보다 일찍 죽는가? 등의 질문에 노인학은 설득력 있는 대답을 찾으려 노력한다.

저자는 이런 질문들에 대한 대답을 다방면으로 제시한다. 한 잡지와의 인터뷰에서 그는 "남자가 나이를 다르게 먹을" 수밖에 없는 이유를 다음과 같이 명쾌하게 말한다.

"남성들은 보다 더 영리하고 온전하게 사는 여성보다도 직장생활에서 더 폐쇄적입니다. 여성들은 대부분 직장 외에도 가족이 있고, 가족의 사회적 교류를 보살피며 다른 일도 수행합니다. 여성의 경우 직장에서 해고되더라도 다른 일들이 여전히 존재합니다. 거기에 반해 우리 남성의 경우 직장이 모든 것이기 때문에 종종 주변에 아무 것도 남지 않게 됩니다. 직장은 하루를 구성하고 있는 뼈대이며 내용물이고, 삶의 의미이며 사회적 네트워크입니다. 그리고 직장동료가 친한 친구인 경우가 드물지 않습니다. 직장이 사라져버린다면 남성에겐 아무 것도 남지 않게 됩니다."[2]

---

1) Baltes, P. B., & Baltes, M. M. (Eds.). (1990). Successful aging: Perspectives from the behavioral sciences. Cambridge: Cambridge University Press, 8쪽.

은퇴 후 모든 것이 달라지는 남성의 삶을 제대로 파악하고 대비해야 함을 이 책은 강조하고 있다. 총 5장으로 구성된 이 책은 우리 삶과 정체성이 지니고 있는 다섯 개의 주요 분야, 즉 '노동', '사회적 네트워크', '육체적 활기', '물질적 안정', '가치 의미'로 나누어 각 분야별 특정 인물을 사례로 들어 알기 쉽게 설명하고 있다. 여기서 소개된 5명의 남성은 우리나라 모든 50대 이상의 남성에게 똑같이 적용될 수 있으며, 공감을 불러일으키기 충분하다. 그리고 이 책의 저자처럼 "내가 여든네 살이 되면" 무엇을 하고 있겠는가를 여실히 상상케 해주는 훌륭한 "남성 에이징 설명서"이다.

2015년 7월 6일

옮긴이 최경은

---

2) <aktiv im Leben> 2/2008.

내가 나이를 다르게 먹을 수 있도록

30년 동안 나와 함께해준

브리기테Brigitte를 위해

들어가는 글 : 나이든 남자, 그 미지의 존재

나는 믿는다.
우리 늙은이들이 다시 쓸모 있게 될 것이라고.
게오르크 링스반들Georg Ringsgwandl 박사

"저희 클럽에 오신 것을 환영합니다!" 3년 전 쉰 번째 생일 축하 파티 때 알고 지내던 나이 든 남자들이 건넨 인사말이다. 그 후로 나는 세 명 중 한 명은 가입하게 되는 클럽에 들어가게 되었다. 노인 그룹은 거의 1,400만 명의 회원을 거느리고 있다. 이 수치는 독일에 거주하는 외국인의 2배, 취학 전 아동 그리고 전체 실업자 수의 3배에 해당한다.[1] 그러나 사람들은 노인 그룹보다는 외국인이나 취학 전 아동 그룹에 훨씬 더 많은 관심을 보인다.

쉰이 넘은 남자, 인생의 정점을 넘어섰으며 직업적으로나 육체적으로 그리고 성적으로도 하강 국면에 들어서며, 언젠가는

1) <2014 고령자 통계>에 따르면 2014년 전체 인구 중 65세 이상 인구가 차지하는 비중은 12.7%이며, 한국의 고령화는 매우 빠른 속도로 진전되고 있어, 2024년에는 19.0%, 2034년에는 27.6%로 계속 늘어날 전망이라고 한다.(옮긴이주)

성 불능, 요실금, 치매 등이 주인공인 자신의 경력에 종지부를 찍기 전에, 우리는 쉰이 넘은 남자에 대해 도대체 무엇을 알아야 하는가? 늙은 또는 늙어가는 남자는 노인학에서도 미처 알려지지 않은 존재이며 거의 연구되지 않았을 뿐만 아니라 아주 가끔 언급될 뿐이다. 지난 20년 동안 노인학은 노인에 대한 거의 모든 문제를 다룸으로써 지식을 쌓아왔고, 여전히 신대륙에 속하는 주제인 '늙음'을 거의 빈틈없이 연구하고 조사해왔다. 그러나 이런 다양한 노력에도 불구하고 노인학은 나이든 남자의 문제는 간과하거나 잊어버렸다.

이러한 사실은 얼핏 보면 비논리적인 것처럼 보인다. 그러나 이것은 독일의 남성 연구자 홀거 브란데스Holger Brandes가 주장한 것처럼, 사회 연구자 대부분이 "남성에 의한, 남성에 대한, 남성을 위한 연구"[2]라고 말할 수 있는 남성 문제만을 연구하기 때문이다. 좀 더 정확히 살펴보면 남성 연구는 대부분 성적인 존재로서의 남성이 아니라 애정과 성에 있어서 감정과 남성이란 성 정체성이 서서히 소멸되어 버리는 보편적이고 중립적인 존재로서의 남성을 다룬다. 이때 남자는 그저 인간으로만 분류되며, 남자만의 특징, 즉 성과 관련된 특별한 사실은 눈에 띄지 않고 사라져버린다.

남성이란 주제를 명확히 제시한 남성 연구는 여전히 걸음마

2) Brandes 2002, 13쪽.

단계다. 남성 연구는 '남자'라는 단어가 지니는 이중적 의미에서 여전히 낯선 분야다. 예컨대 1970년대 여성 운동이 전개되면서 남성 연구자들은 그들 자신의 인생 경험, 아버지와 남편으로서의 역할, 직장에서의 역할 등을 숙고했다. 비판적인 남성 연구를 다룬 저작물은 대부분 40~50대까지만 다루고 있는데, 이것은 연구자의 연령대와 일치한다. 노년은 이런 자기 성찰과정에서 아직까지 제자리를 찾지 못하고 있으며, '남성 활동의' 세계와 '노령 활동의'[3] 세계 사이의 접점은 지금까지 거의 존재하지 않고 있다.

"겁쟁이는 어떻게 나이 드는지 모른다"[4]

남자는 거의 모든 것을 연구하고 의문을 제기했지만, 자기 자신에 대해서만은 연구하거나 의문을 제기하지 않았다. 예컨대 백발이 성성한 남성 노인학자 역시 일부는 연구 대상인 노령에 이미 도달했음에도 불구하고 남자로서 늙은 남자에 대해 거의 연구하지 않고 있다. 아마 그들은 일종의 '게로포비아Gerophobia',[5] 즉 노령 연구자가 자신의 연구 대상에게 느끼는 두려움에 시달리고 있을지도 모른다. 왜냐하면 형용사 '늙은'과 관계가 있는 거의 모든 개념은 부정적인 의미를 지니고 있으며, 더욱이 노령과 늙은 남자는 남자답지 못함을 대표하는 개념으로 여기기 때문

3) Fooken 1986, 255쪽.
4) Mae West.
5) Adrian Verwoerdt.

이다. 그래서 거의 모든 사람들과 마찬가지로 노인학자 대부분이 항상 자기 외의 다른 사람들만 나이를 먹었다고 생각한다.

이제까지 노년의 성 문제는 여성이 다루어왔으며, 남자에 대한 대부분의 지식 역시 여성들의 연구에 의해 쌓여왔다. 이로 인해 남자에 대한 연구 지식은 흡사 여성 연구의 부산물처럼 보인다. 늙은 또는 늙어가는 여자의 생활과 불이익에 대한 연구에는 많은 비용이 지원되고 있고, 다양한 프로그램이 운영되고 있으며 연구가 세밀하게 이뤄지고 있다. 그 결과 <노년과 성>이라는 표제어에서는 거의 여성 문제만 거론되기에 이르렀다. 남자는 나이를 먹어갈수록 그 수가 더 줄어들고, 75세 이상의 노인 중 3분의 2는 여자다. 이러한 사실로 인해 늙은 남자는 더 이상 언급되거나 연구할 가치가 적은 것으로 간주되곤 했다. 그래서 늙은 또는 늙어가는 남자는 예나 지금이나 단지 건강이나 성적인 관점에서만 어느 정도 해명된 미지의 존재에 지나지 않으며, 이것은 남성 노인의 건강을 타깃으로 성장하고 있는 시장에 대한 경제적 관심과도 관련된다.

남자와 노령에 대한 불확실한 학문적 소견은 놀랄 정도로 많은 공감을 불러일으키면서 50세 후의 남자와 여자는 이제 뜨거운 감자로 떠올랐다. 예컨대 직장 생활보다 더 길어지는 정년 후의 시간을 어떻게 꾸려나갈 것인가? 노년에 이르면 부부는 왜 그토록 상이하게 살아가는가? 여성이 대부분인 노인 사회에서 남자의 자리는 어디인가? 남자는 육체적 손실과 노화를 어떻게 극복하는가? 늙은 남자의 자살률은 왜 그토록 높은가? 왜 남자는 여자보다 일찍 죽는가? 왜 이런 사실이 대부분 어깨를 으쓱하게 하는 '자연 법칙'으로만 치부되는가?

이 책은 이러한 많은 의문에 대답하려 한다. 그러기 위해서 50세 후에 제기된 몇몇 도전이 언급된다. 50세는 남자가 죽음에 대해 생각하기 시작하는 시기이다. 그리고 독일의 노년 전문가인 에리히 쉬첸도르프Erich Schützendorf가 단언했듯 이미 생애를 다 보냈다고 생각하는 지점이기도 하다. "유년기, 학교, 학업, 배우자, 직업, 가족, 자녀 교육, 취미, 여행, 질병, 부상, 좌절, 환멸 등이 다 지나갔다. 직업상의 경력은 끝이 나고 나무는 심어졌고 집은 아직 완전히 내 것이 아니라서 계속 대출금을 갚아나가야 한다. 이제 우리의 부모와 조부모가 했던 것과 같이 우리도 노년을 시작하게 되었다. 인생 전체가 종말로 기울고 있다. 그러나 조부모와 달리 우리에게는 아직 또 하나의 삶이 남아 있다. 오늘날 50대는 인생의 끝인 동시에 인생의 중심에 있다."[6)]

모두가 나이가 들었다. 다만 조금씩 정도가 다를 뿐

조부모와 증조부모 시대의 노년은 노동력의 궁극적인 종말과 그 다음에 바로 등장하는 생의 종말 사이에 있는 짧은 기간에

6) Schützendorf 2005, 17쪽.

불과했다. 그러나 이제 노년은 광대한, 개관하기 힘들 정도로 넓은 대륙으로 발전했다. 수십 년 전만 하더라도 '가난과 질병'이라는 의미와 여전히 동일하게 여겨졌던 노년이라는 개념은 이미 오래 전에 더 이상 말할 수 없을 정도로 급격하게 확장되고 세분화되었다. 노년은 화려하고 믿을 수 없을 만큼 다양하며, 이전의 그 어떤 시기보다도 이질적이다. 옛날의 노년은 이제 존재하지 않는다.

100세의 남자 배우가 여전히 무대에서 조명을 받으며 서 있는 반면, 해고된 건설 노동자는 자신의 때 이른 연금을 가지고 힘겹게 생활해간다. 활기 넘치는 퇴직자는 추운 겨울을 아프리카의 테네리파Teneriffa[7]에서 보내는 반면, 나이 든 실업자는 텔레비전으로 세계를 구경한다. 퇴직 후 뒤늦게나마 공부를 하기 위해 대학에 등록하는 노인이 있는 반면, 노인들의 다과 모임에서 목사가 촬영한 슬라이드를 보는 노인도 있다. 부유한 노인은 경로 재단에서 제공하는 다양한 문화를 향유하는 반면, 치매에 걸린 60세 노인은 양로원에서 치료를 받는다.

옛 개념으로 노년에 대해 말하는 것은 이미 오래 전에 무의미해졌다. 여기서 이야기하고 있는 사람이 누구인지에 대해 새롭게 이해해야 한다. 이 개념으로 그룹을 지을 수 있는 새로운 단어가 수도 없이 많이 생성되었다. 예컨대 젊은 노인, 늙은 노

7) 아프리카 서사라하 서쪽 스페인령의 카나리아 제도에 있는 가장 큰 섬으로, 영원한 봄이 있는 섬이라 불린다.(옮긴이주)

인, 몸짱, 의존인,[8] 슬로우 고즈Slow-Goes,[9] 노 고즈No-Goes,[10] 그루프티즈Grufties,[11] 셀피즈Selpies(second life people, 두 번째 인생을 사는 사람) 등. 모든 사람이 될 수밖에 없지만 어떤 사람도 되고 싶지 않은 것이 있다. 바로 나이를 먹는 것이다. 그래서 새로운 개념이 만들어진다. 노년이라는 끔찍한 단어는 이제 새로운 개념을 지닌 새로운 단어로 바뀌어야 한다. 노인에 대한 단어는 좀 더 활동적이고 젊으며 능력 있는 의미를 지녀야 한다. '더 늙음'이라는 개념은, 비록 이것이 비교급 표현이며 더 늙음은 늙음보다도 더 늙었다는 뜻에 지나지 않지만 '늙음'보다는 정치적으로 더 정확한 표현이다.

이 책은 노년을 단순히 서술하는 것이 아니라 파악하기 힘든 노년이라는 그림의 몇몇 측면을 이야기하고자 한다. 이를 위해 55세에서 69세에 이르는 다섯 남자가 소개될 것이다. 나는 이들과 함께 그들의 노년에 대해 이야기를 나눴으며, 그들은 아주 다른 다섯 종류의 인생을 살고 있었다.

나이 들고 싶다고? 그럼 젊을 때부터 시작해!

이 책에서는 남자가 나이를 먹는 것이 어떤 점에서 위험하며 그것이 왜 또 하나의 기회가 되는지를 설명한다. 그리고 이해를

8) 간병인이 없으면 아무것도 못하는 노인.(옮긴이주)
9) 느리게 움직이는 노인.(옮긴이주)
10) 움직이지 않는 노인.(옮긴이주)
11) 무덤에 들어갈 노인.(옮긴이주)

돕기 위해 기존의 연구 결과를 소개하고 노년에 대한 전망을 밝혀주고자 한다. 한편으로는 역사적으로 한 번도 가능하지 않았던 발전의 공간을 열어준 노년이 왜 '뒤늦게 찾아 온 자유'인지를 해명하고, 다른 한편으로는 남자의 노년에 동반되는 눈에 띄지 않는 위기도 있음을 보여줄 것이다. 이러한 위기는 이 과정에서 새롭게 지각되고 한층 깊이 있게 다루어질 것이다. 노년 또는 노년이 되는 과정의 어두운 면은 많은 남자들에 의해 부인되거나 축소되었다. 노년은 남자에게는 아주 심각한 질병이기 때문이다. 노년을 부인하는 이면에는 그만큼 커지는 두려움이 있다. 이런 두려움은, 우리가 공포의 환영을 정보를 통해 정확히 알게 되고, 현재 삶의 질문에 적극적으로 대처할 때만 극복될 수 있다.

이 때문에 노년의 빛과 그림자, 이익과 손해에 대한 시선은 항상 노년이나 노년이 되는 과정을 주제로 한 생산적인 토론의 주제에 속한다.

이 책은 50세 이후 나이를 먹어가는 것과 노년에 대한 질문을 남자의 시각에서 그리고 남자의 시선으로 다룬 남자를 위한 책이다. 그리고 직업적으로 혹은 사적으로 남자의 노년과 관련된 사람, 노년을 준비하고 그럼으로써 노년과 관련된 문제를 좀 더 잘 이해하고자 하는 사람들을 위해 쓰였다. 또한 남자를 이해하고 유감스럽게도 여전히 많은 사람이 그렇듯이, 남자 자체보다는 남자의 문제에 더 많은 관심을 가지고 있는 여자들을 위한 책이기도 하다.

총 5장으로 구성된 이 책은 우리 삶과 정체성이 지니고 있는 다섯 개의 중심 차원으로 설정되어 있다. 우리의 복지와 발전은, 독일의 형태 치료전문가Gestalttherapeut인 힐데군트 하이늘Hildegund Heinl과 힐라리온 페촐트Hilarion Petzold가 서술한 바 있는 정체성의 다섯 기둥에 기인한다. 우리가 육체적, 정신적 건강을 느끼며 건재할 수 있을지 여부는 이 다섯 기둥이 평생 동안 어떻게 늘 서로 균형을 맞추고 조화를 이루며 새로운 균형을 유지하려고 노력하는지에 달려 있다.

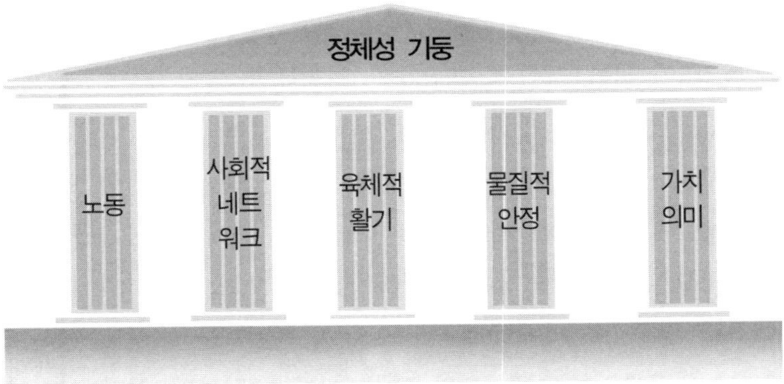

이 기둥 중 하나가 부러지거나 다른 사람에게 부담을 줄 정도로 과다하게 어느 한 기둥만이 강화될 경우 생길 수 있는 문제는 독일의 심리치료사 노스라트 페세슈키안Nossrat Peseschkian이 만든 모델에 근거해서 보완 설명할 수 있다. 정체성의 기둥이 위험해지면 노년에는 두 가지 대안으로 구제책을 찾게 되는데,

이러한 대안 역시 막다른 골목에 이르게 되고 결국 정체성 기둥은 무너지게 된다.

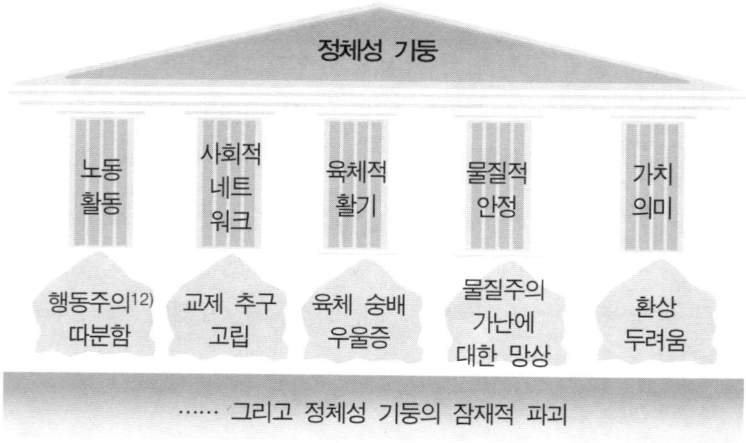

독일의 커뮤니케이션 연구가인 프리데만 슐츠 폰 툰Friedemann Schulz von Thun은 이것을 좀 더 발전시킨 새로운 모델을 개발했다. 이 모델을 통해 앞에서 잘못 설정된 대안 대신 적합한 방향이 제시될 수 있다. 평가와 발전을 나타내기 위해 그가 제안한 사각형 모델은 누구나 높은 가치를 가지고 있으나, 그 가치를 절대화할 경우 모든 미덕이 악덕으로 변질된다는 데서 출발하고 있다. 예컨대 활동성은 그와 짝을 이루는 덕목인 긴장 완화가 함께하지 않을 경우 일에 미친 욕구로 변질되어버린다. 또한 긴장 완화는 활동성과 균형을 잘 이루지 못할 경우 지루함으로 변질된다.

12) 여기서 언급되는 행동주의는 일반적으로 알려진 문학에서 언급되는 행동주의가 아니라 '과장된 활동욕'을 의미한다.(옮긴이주)

요약하면 앞에서 설명한 세 모델은 노년에 필요한 보조 도구다.

- 삶에서 균형이 얼마나 중요한지 항상 반복해서 스스로를 확인하기 위한
- 삶에서 비판적인 사건의 영향을 이해하고 극복하기 위한
- 진로를 수정하고 새로운 전망을 개진하기 위한

| 목차 |

1장

정년 후에도 인생이 있어?

시작이 무엇인지
잊지 않았다면
늙었다는 것은 대단한 일이다.

마르틴 부버 Martin Buber

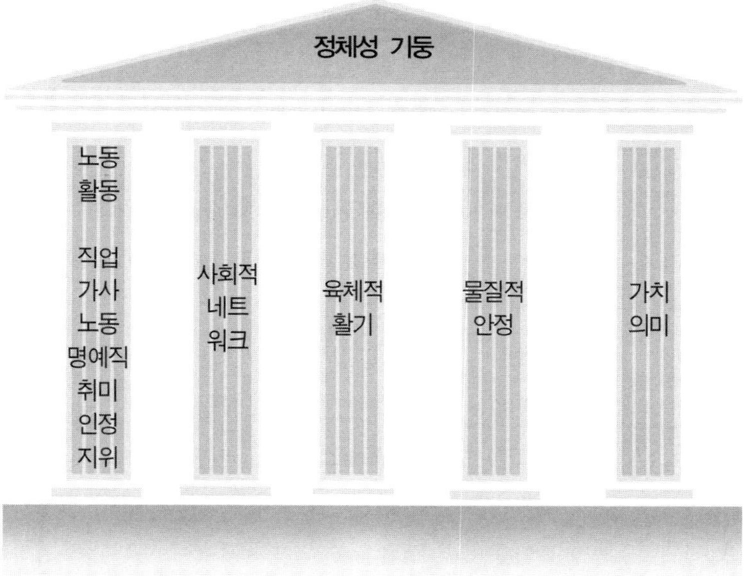

A씨는 56세로 친절하고 솔직하며 활기차고 꾸밈없는 남자다. 그는 서독일 대도시의 부유층이 모여 사는 교외에 있는 큰 저택에서 나를 맞이했다. 이곳에서 그는 아내와 함께 살고 있다. 수많은 인테리어 장식과 예술품으로 꾸민 저택은 감각이 넘치며 산골짜기를 내려다볼 수 있을 정도로 전망도 훌륭하다.

A씨는 화려한 경력의 소유자다. 그는 전쟁이 끝난 지 얼마 안 되어서 대도시 도심에서 가난한 집안의 독자로 태어났다. 아버지는 교대제 노동자였다. 그는 방 3개에 3세대가 모여 사는 집에서 자랐다. 김나지움을 중퇴하고 상업학교를 졸업했다. 20세 초반에 지금의 아내와 결혼해서 아버지가 되었다. 다국적 기업에서 경리직원으로 일하던 무렵 야간 대학을 졸

업했고, 30세에 이미 다국적 기업 자회사의 임원이 되었다. 그의 가파른 출세는 중앙부서로까지 진출하기에 이른다. 그는 중앙부서에 진출한 지 2년 만에 이사로 승진했다. 40세 초반에 유럽 중앙부서의 중역이 되었고, 다국적 기업을 넘어서까지 호응을 얻었던 개혁적 사업 개념을 전개시켰다. 50세에 그는 전혀 다른 분야의 다국적 기업의 주도 기업에서 찾았던 새로운 혁신을 다시 한 번 추구했다. 가난한 집안에서 태어난 그는 이제 명예와 권력을 지닌 사람이 되었다.

A씨는 다국적 기업의 핵심기업에서 구조조정에도 '성공적으로' 참여했다. 그는 스스로를 '불필요한' 인물로 규정하고 54세에 갑자기 조기 정년퇴임을 했다. 그의 '은퇴 생활'은 아주 활동적이다. 그는 성장한 두 자녀의 집을 종종 찾아가며 손자들을 아주 좋아한다.

그는 몇 가지 명예직도 수행하고 있다. 그리고 중요한 위원회의 위원이기도 하며, 새로운 프로젝트를 고안해 내기도 하고, 책도 쓰고 강연도 한다. 그는 국내외에서 강의를 청탁받으며 심지어 명예교수로 위촉받기도 한다. 아비투우[1]도 없는 학력을 가진 그는 이 사실을 매우 자랑스러워한다.

그러나 직업적으로 더 이상 필요한 존재가 되지 못하며 헤드헌터도 더 이상 그를 찾지 않는다는 사실이 A씨를 괴롭힌다. 그는 아직 뭔가를 해낼 에너지와 힘을 지니고 있고, 잠재력의 70%가 여전히 활용되지 않았다고 생각한다. "내 인생은 아직 진정한 평가를 받지 못했다." 아침에 개를 데리고 산책할 때 그는 출근길에서 교통 체증에 걸린 사람들을 종종 부러운 눈으로 바라본다. "내 모든 능력이 한 번 더 분출할 수 있는 과제는 어디

1) 독일의 인문계 고등학교 졸업장을 말한다.(옮긴이주)

에 있는가? 무엇이 내 인생에서 새로운 의미가 될 것인가?" 이러한 질문이 대화에서 재차 반복되는 중심 주제다.

그는 여전히 규칙적으로 7시에 일어나 개를 데리고 빵을 사가지고 와서 아내와 아침 식사를 한다. 그 후 책상에 앉아 작업을 하며 ("그는 아직도 취직을 하려고 시도한다."), 정원에서 할 일이 없으면 오후까지 앉아 있기도 하고, 아내와 함께 무슨 일을 하기도 한다. 아내와의 관계에서는 많은 것들이 새로 형성될 수도 있고, 타협이 필수적이며 상호 자유 공간이 주어져야 한다고 그는 말한다. "부부가 집에 있는 것이 항상 함께 있는 것을 의미하지 않는다는 사실을 우선 배워야 했습니다." 그의 과도한 직업적인 요구 후에 예전에는 그가 '주거 직원'에 지나지 않았던 곳에서 이제 그는 '공동 발언권'을 지니고 있다. 하지만 집은 여전히 아내의 집이다.

그는 아주 건강하지만 요즘 건강에 좀 더 신경을 쓴다. 처음으로 개를 키우는데, 그 개와 매일 두 시간씩 함께 달린다. 개는 그의 '건강 보험'이다. 이 외에도 아내와 골프를 치기도 하고, 정원에 설치한 사우나를 하거나 친구들과 도보 여행도 한다. 그의 취미는 새를 관찰하는 것인데, 장거리 여행을 할 때도 즐겨 한다.

그가 거의 아무 것도 시작하지 않은 이후에 그는 '재정적인 풍요로움'을 느낀다. 그는 자녀를 둔 두 자식 그리고 그의 부모에게 집을 사주었고, 이웃 나라에서 여름휴가 별장과 겨울휴가 별장도 매입했다. 그에게 물질은 '인생에서 무언가를 성취했다는 표시'다.

A씨는 "저는 가족을 중요하게 생각합니다"라고 말하며, 두 자식과 세 손자들과 함께 많은 시간을 즐겁게 보내기로 다짐한다. 그러나 그의 사회적인 친분 관계는 '아주 심각한 문제'라고 한다. 그는 지금 살고 있는 곳에는 어떤 친분 관계를 맺은 사람도 없고 아는 사람이 아무도 없는 '사회적으로 죽은 지대'라고 말한다. 물론 그들이 휴가 기간에 만났던 몇몇 부부들을 알고 지내기는 하지만, "부부 문제로 상담을 나눌 정도의 사람은" 없다고 말한다. 그러나 이것 또한 그 스스로가 아무에게도 접근을 허락하지 않기 때문에 자신에게 책임이 있다고 한다.

"미래에 정말 어떤 의미 있는 것이 제 앞에 놓여 있길 바랍니다. 저는 항상 그리고 어디서나 같은 것만 이야기하는 늙은 떠버리들이 모인 이런 '싸구려 술집 그룹'에 속하고 싶지 않습니다. 저는 이탈리아어도 좀 더 배우고 싶고, 중국에도 관심이 많으며 중국에 대해 많은 것을 배우고 싶고 당장 그곳에 가고 싶어요. 더 이상 혼자 거동하지 못하게 된다면 방 두 칸 또는 세 칸 규모의 양로원에서 살고 싶습니다. 저는 자식들에게 부담을 주고 싶지 않습니다. 온전한 정신 연령은 80세로 끝납니다. 간호하기가 어려워 다른 사람들에게 부담을 안겨줄 수 있다는 것이 제게는 가장 큰 두려움입니다. 환자 규정에 관한 서류와 유언장도 이미 작성해 놓았지요.

제가 기뻐할 것이 또 무엇이 있겠습니까? 저는 인생에서 가장 중요한 것과 가장 아름다운 것을 이미 체험했을 것입니다. 증손자가 태어나는 것을 봤으면 합니다. 이것은 또 다른 체험일 거예요. '매일 아침 거울로 내 얼굴을 다시 보고 싶다'와 '사람들에게 신뢰를 가져야 한다'가 제 삶의 모토입니다." 끝으로 그는 젊은이들에게 한마디 충고한다. "지금 당신의 삶을 즐겨라. 그러나 당신이 계속 구축할 수 있는 정신적 기반도 동시에 다져야 한다."

노동과 활동의 기둥은 A씨와 같은 특권층뿐만 아니라 대부분의 남자에게 그들의 정체성을 확인하기 위해 최우선으로 적용된다. 누구라도 퇴직한 후에는 어떤 형태의 의미 있는 활동이 필요하다. 다른 사람과의 교제에서 "왜 그 일을 하십니까?"라는 질문은 헛되지 않으며, 이것은 상대방을 알게 되는 최초의 질문 중 하나다. 우리가 내리는 자기 평가, 사회적 위치, 인정 등은 어떻게 활동하느냐에 따라 좌우된다. 직업적 노동, 가계 활동, 여가 활동, 명예직 등의 임무들이 일상을 구성하고 우리에게 사회적 역할을 부가하며 의미를 만들어준다.

이 때문에 노동은 분명하게 나이를 표시해주며, 늙었다는 사실에 대한 가장 뚜렷한 증표가 된다. 흰 머리와 나이가 아니라 직장 생활의 위치로 늙었다는 사실을 판정한다. 직장에 아직 다니고 있느냐 아니면 더 이상 직장 생활을 하지 않느냐라는 질문이 남자에게 나이나 늙어감에 대한 중요한 기준이 된다. 예컨대 월드컵에서는 30세 이상이면 벌써 '노장'이라 불린다. 정보처리 분야에서는 35세가 되면 퇴물에 속한다. 공식적인 노동 통계는 42세부터 노인 노동자로 분류한다. 50세에 이르면 더 이상 노동 시장에서 일자리를 구할 수 없다. 우리는 늙어 보이고 폐기 처분되며 '녹슨 고철'에 속하게 된다. 그래서 오스트리아에서 예전부터 사용된 '죽다ableben'라는 말은 '직장 생활에서 제외되다'라는 의미도 지니고 있다.

늦어도 50세 생일에는 카운터다운이 시작된다. 즉 살아온 날보다 살아갈 날이 더 짧아진다. 직업 선택의 폭도 좁아지고 옵션도 더 이상 마음대로 선택할 수 없게 되며 직장 생활은 끝이 난다. 지금 도달할 수 없는 것은 앞으로도 도달할 수 없을 것이다. 직장에서 주변을 살펴보면 수많은 젊은이들이 있다. 미래는 그들의 것이다. 공식적인 연금 수혜자에 속할 나이까지 일을 할 수 있는, 또는 일을 해야만 하는 햇수가 17년 또는 그 이상일지라도, 우리 스스로는 노인에 속한다. 노동 생활에서처럼 나이에 대한 부정적이고 상투적 판단이 뚜렷하게 적용되는 분야는 없다. 노령은 원래 계획된 퇴직보다 약 20년 정도 빨리 시작된다.

"사람은 누구나 다 젊어. 다만 어쩌다 그들이 우리보다 먼저 나이를 먹고 있을 뿐이지"[2)]

도대체 언제부터 노인이 되는 것일까? 부모와 조부모는 자연스럽고 분명하게, 그것은 연금 생활을 시작하는 65세부터라고 말할 것이다. 그러나 노인에 대한 이러한 정의는 비교적 최근의 것이다. 1889년 철혈정책을 편 독일의 정치가 비스마르크Otto Eduard Leopold Bismarck의 주도 아래 일반 연금 보험이 도입될 때까지는 자기 자신을 더 이상 가눌 수 없을 정도로 약해질 때에야

2) Günther Brauschke.

비로소 스스로를 노인이라 했다. 왜냐하면 연금 보험이란 원래 70세 이후 단지 빵과 소시지 등을 주고 몸을 전혀 가눌 수 없는 경우 돌봐주는 것에 지나지 않았기 때문이다. 노인이라 함은 "그 날들이 내 마음에 들지 않는다"[3]고 말했던 전도자 솔로몬의 '사악한 날들', 즉 항상 생의 종말 바로 앞서서 오는 짧은 기간을 일컬었다. 수많은 청원 기도에 나타나는 '가난한 자, 늙은 자, 병자'라는 구절을 보면 노령이 질병이나 부족한 물질과 동일한 의미로 사용되고 있었다는 사실을 알 수 있다.

지금까지의 생활수준 보장을 골자로 하는 연동 연금 보험은 서독의 초대 수상인 아데나워Konrad Adenauer 집권기인 1957년에 비로소 도입되었다. 50세 이후부터 비로소 의무로부터 자유롭고 물질적으로 안정이 보장되고 건강 역시 대부분 만족스러운 상태를 유지하는 시기인 '제3의 노년'이 존재한다. 그리고 80세 이후에는 심각한 건강 악화로 도움이 필요한 '제4의 노년'이 그 뒤를 잇는다. 그러나 이것은 상징에 불과하다. 65세라는 규정 표시는 이미 사라졌다. 1970년에는 60세 남자 노인의 3분의 2 이상이 직장 생활을 했지만 오늘날에는 같은 나이의 남자 3분의 2가 이미 퇴직했다.

육체적으로나 심리적으로 더 이상 견디기 어렵기 때문에 직

3) "그 날들이 내 마음에 들지 않는다"는 "이러므로 내가 해 아래에서 한 모든 수고에 대하여 내가 내 마음에 실망하였도다"라는 전도서 2장 20절의 내용으로 보인다. 성경은 2005년 대한성서공회에서 편찬한 개역개정 판을 참조했다.(옮긴이주)

장인 3분의 1이 직장을 그만두었다. A씨가 포함된 또 다른 3분의 1은 무엇보다도 대기업들이 세금이나 보험의 부담을 줄이려고 구조 조정에 나섰기 때문에 더 이상 일을 할 수 없다. 이때 마치 노예처럼 일을 하는 노동자가 노동으로 점철된 삶의 감옥에서 자유롭게 풀려나는 것인 양 '방출'이라는 표현이 사용된다. 아마 이런 미화된 표현을 통해 조기 퇴직이 일반적으로 강요되었다는 사실은 은폐될 것이다. 국가적 차원에서 행해지는 퇴직 연령 논의는 이미 오랫동안 냉소적이며, 현실과는 완전히 동떨어진, 그리하여 연금 수혜자의 증가에 따른 부담으로 점점 더 커져가는 연금 적자를 막으려는 예산 개선책일 뿐이다.

나이란 그저 핑계일 뿐[4)]

독일 기업의 약 절반 정도가 50세 이상의 직원을 더 이상 고용하지 않는다. 50세 이상의 노인은 비생산적이라고 평가받고 있다. 50세 이상이 되면 노동자의 생산성이 변화된다는 증거만 있을 뿐 그들의 생산성이 쇠퇴한다는 증거는 어디에도 없는데 말이다.

4) Rudolf Rolfs.

노인 노동자의 잠재력[5)]

노인 노동자와 젊은 노동자의 노동력 비교

노인의 증가하는 잠재력	노인의 정체된 잠재력	노인의 감소하는 잠재력
ㅇ 인생 경험과 직업 경험 ㅇ 기업 지식 ㅇ 판단력 ㅇ 신뢰 ㅇ 꾸준함, 균형 감각 ㅇ 협력과 합의 능력 ㅇ 갈등을 이겨내는 능력 ㅇ 자질 확신	ㅇ 노동 분배 ㅇ 결정력 ㅇ 창조성 ㅇ 인내심, 지구력 ㅇ 체계적 사고 ㅇ 능력과 목표 설정	ㅇ 육체적 능력 ㅇ 인지 능력, 단기 기억 ㅇ 정보 수용과 처리 속도 ㅇ 정신적 활동 ㅇ 학습과 자기 계발 교육 ㅇ 위험 감수 ㅇ 경력 설정

잠재력 자체의 변화는 문제가 되지 않는다. 왜냐하면 이것은 노인이나 젊은이 모두 직장생활 동안 꾸준히 지속되는 과정이기 때문이다. 그러나 특정한 나이부터는 노동력이 저하되고 사회적인 골칫덩이가 된다는 식의 평가는 문제가 있다. 기업에서 노인을 폐차처럼 처분해버리는 것은 전 세대의 지속적인 걱정거리이며 기업 분위기의 독소로 작용한다. 젊은이는 폐차 신세가 되지 않으려 노력한다. 다양성 경영의 시대에 노인의 특별한 시각과 능력도 중요하다는 인식이 이제야 차츰 고개를 들고 있다. 그리고 인구 통계학적으로 보면 젊은이들의 숫자가 위협적으로 줄어들고 있다는 점 또한 염두에 두어야 한다. 젊은이들이 노인의 세계를 그려보고 자신들의 직무 수행으로 노인의 욕구

5) Bruggmann 2000, 25쪽의 내용을 수정했다.

를 제대로 파악하지 못할 경우, 노인 사회는 점점 더 기능 장애를 일으키게 된다.

정년이 생각보다 빨리 찾아왔거나 아니면 계획에 맞게 찾아왔거나 간에 직장인의 다수는 정년을 부담에서 벗어나 자유로움을 느낄 수 있는 기회보다는 연금 생활로 가는 과도기로 여긴다. 많이 인용되는 표현인 남자가 퇴직 후에 급속히 죽음을 맞이한다는 '퇴직 쇼크'는 전설에 지나지 않는다. 이 현상에 대한 중요한 경험적 증거 자료는 어디에도 없다.

많은 남자들이 직장에 사직서를 내고 싶은 이유는 이렇다.

- 악화된 건강, 바닥난 에너지, 직업에 대한 싫증
- 발전이나 승진 가능성에 대한 불만
- 상승하는 능력 요구, 예를 들면 새로운 기술
- 심각한 권한 상실
- 젊은 상사와의 논쟁이나 변화된 직업윤리
- 일자리 상실에 대한 두려움
- 나이 많은 노동자를 점점 더 평가절하 하는 사회와 회사의 분위기
- 여행에 대한 욕구, 취미 생활, 가족 활동

아침이면 고기를 잡고 저녁에는 사냥을 하지

양호한 육체적 에너지를 지니고, 건강상 큰 질병이 없고 만족

할 만한 재력을 지닌 50세 중반의 남자에게 세상은 활짝 열려 있다. 비록 A씨와 같은 상황이 특권층에 속하는 예외일지라도 대부분의 남자들은 오랫동안 미루어두었던 소망과 꿈들을 실현시킬 수 있다. 종종 많은 것을 단념해야만 했던 전쟁세대나 재건세대는 놓쳐버린 것들을 만회할 수 있는 것이다. 취미 생활을 잘 해나가거나 새로운 취미를 발견할 수도 있다. A씨는 경영자를 그만 둔 후에 자신이 소홀히 했던 취미인 조류 관찰에 몰두할 수 있었다. 거기에 필요한 내적 안정과 외적 평화를 유지한 상태로 말이다. 불만족스러운 지식을 학습하려는 소망은 여러 가지 형태로 충만될 수 있다. 아버지로서 자식들을 위해 잘 해주지 못했던 것을 할아버지로서 손자들에게 분명 더 잘 해줄 수 있을 것이다. 결국 남자는 최고의 해 또는 두 번째 최고의 해에 이런 활동범위와 재정적 안전장치로 그 이전 세대에게는 주어지지 않았던 새로운 일을 시작할 기회를 가진다. 이것에 대해 괴테는 이렇게 말하고 있다. "늙는다는 것은 새 사업을 시작함을 의미한다. 즉 모든 관계들이 변한다. 그리고 거래하는 것을 완전히 그만두든지, 아니면 의지와 의식을 지니고 새로운 역할 분야를 수용해야만 한다." 여기에 대해서는 후에 더 상세히 이야기해보자.

'만년에 찾아온 자유'는 이제야 비로소 떠오른 대륙이다. 개개인은 여기서 새로운 것을 발견할 것이다. 아마 그곳은 카를 마르크스에 의해 묘사된 소외가 없는 바로 그 나라일 것이다. 거기서는 '오늘은 이 일을, 내일은 저 일을 하며, 아침에는 사냥, 오후에는 낚시, 저녁에는 가축을 키우고, 식사 후에는 비판하는' 일도 마침내 가능할 것이다. '사냥꾼, 낚시꾼, 목동 또는 비평가가 되지도 않으면서 내가 어떻게 이런 즐거움을 누릴 수 있는가?' 조상들이 전혀 알지 못했던 이런 놀라운, 믿을 수 없을 정도의 가능성을 지닌 대륙의 발견을 위해서는 무엇보다도 여행 가방에 호기심과 모험심을 챙겨야만 한다. 아마 여행 가이드도 필요하겠지만, ≪제대로 여행하기*Richtig reisen*≫[6]시리즈에 나오는 여행 가이드는 아닐 것이다. 젊은이를 통해 그곳에 여행하는 방법, 심지어는 제대로 여행하는 방법에 대해 도대체 누가 알길 원하겠는가? 한창 젊은 나이의 내가 노년에 대해 전반적으로 어떤 것을 알 수 있을 것이라는 주장에 나의 노모가 이의를 제기한다면 그것은 그녀가 분명 옳을 것이다. 아니면, 독일의 사회 심리학자인 클라우스 되르너Klaus Dörner가 주장하는 표현이 옳을 것이다. "새로운 삶의 국면에 들어서기 전에 우리는 새로운 삶이 어떻게 진행될지 알 수 없다. 우리는 다른 사람이 될 것이기 때문이다."

기회인가 위기인가

대부분의 남자들은 은퇴를 희망차게 맞이한다. 그러나 연구 결과에 의하면 이러한 희망들은 충족되지 못한다. 왜냐하면 직장 생활에 문제가 있었던 사람일수록 은퇴 생활을 더 절박하게

6) 브레멘의 전(前)시장 헤닝 세르프Henning Scherf의 활기찬 저서 ≪회색이 총천연색이다*Grau ist bunt*≫(Freiburg, 2006)는 많은 여행 욕망을 일깨울 수 있다.

기대하게 되고, 연금 생활이 이상화되고 그렇게 되면 현실에서는 실망으로 나아갈 수 있는 위험이 그만큼 더 크기 때문이다. 대부분 은퇴로 가는 과도기는 오랜 기간에 걸쳐 그리고 신뢰할 만하게 계획적으로 일어난 사건이 아니고, 중간 단계 없이, 갑작스럽게 그리고 취업 불능이나 기업의 조기 퇴직 규정 또는 실직이라는 이유로 원래 계획하고 있었던 것이 은퇴 전에 일어나기 때문이다. 은퇴로 들어서기 위해서는 대단한 적응력과 새로운 포괄적인 방향 설정이 필요한데, 남자들 대부분은 이런 것들을 인생에서 한번도 경험하지 못한다.

- 우리 사회처럼 그렇게 강력한 직장 중심의 사회에서 공개적인 지위와 인정이 소멸되어버린다.
- 직장생활로 엮어진 사회생활이 사라지게 되고, 많은 남자들은 이러한 사실에 어려움을 겪게 되는데, 왜냐하면 그들은 직장 동료와 친구를 혼동하게 되어 이제 갑작스럽게 홀로 있다는 사실을 깨닫게 되기 때문이다. 노년의 시작과 더불어 남자들은 "(활동적인) 남성 사회에서 이탈하게 된다."[7]
- 직장이라는 대우주에서처럼 가족이라는 소우주에서도 지위와 자기 가치가 희미해진다. 부양자의 역할이 없다면 남자는 자신이 이제 어떻게 처신해야만 하는지에 대해 전혀 감각을 상실한, 원래 역할이 없는 상태로 돌아간다.
- 여성 파트너와의 관계, 거리감과 친근감, 가사 노동 분담 등이 새롭게 정의되고 영위되어야 한다. 관계 시스템에 대한 '파파 앙테 포르타스

7) Fooken 1999, 444쪽.

Papa ante Portas'[8])가 어떤 부담을 의미하는지는 나중에 다시 서술될 것이다.

- '연금생활자'라는 위치에 대해 단지 표면적으로 정의된, 그러나 실제적인 역할 상실은 많은 남자들에게는 처음으로 삶에서 자신들의 '새로운 역할 분야'를 스스로 찾고, 만들며 정의해야만 하는 것을 의미한다.
- 새로운 과제, 보람이 있는 활동, 새로운 의미 등이 발견되어야 한다. '내가 은퇴 생활에 처하게 된다면……' 이란 문장으로 이루어진 수많은 상상의 과제들이 곧 사라지고, 읽지 않은 책들이 쓸모가 없어지고 퇴직 전에도 해보지 못했던 새로운 사업은 거의 시작조차 하지 못한다. 퇴직 생활에 대한 연구는 노년에 행하는 대부분의 활동이 늦어도 30대에 이미 시작되었음을 보여주고 있다.
- 평생 동안 이어져 온 하루일과는 더 이상 외부에 의해 주어지지 않고 새롭게 정립되어야 한다. 그렇게 열망했던 '잠을 푹 자는 소망'은 순식간에 달콤한 꿈에서 악몽으로 변할 수 있다.
- 돈은 눈에 띄게 줄어들고 활동 공간은 좁아진다. 퇴직해서 연금생활을 시작하는 동안에 점점 더 일상적으로 되어버린 결핍 상황이 이런 것들을 계속 첨예화시킬 것이다.

직업 활동의 종말은 기회와 리스크를 지니고 위기(한자 危機는 '위험'과 '기회'라는 두 개념을 모두 내포하고 있다)의 모든 특징들을 충족시킨다. 위기는 삶에서 비관적인 사건이다. 예컨대,

8) 문 앞에 선 아버지라는 뜻으로 보다 자세한 내용은 이 책 48쪽을 참고하시오.(옮긴이주)

- 정신적 균형감이 위협을 받거나,
- 정체성이나 안정감이 위태롭게 되거나,
- 학습된 극복 메커니즘으로는 제어될 수 없거나,
- 새로운 적응을 요구하는

사건이 일어나면 그것이 바로 위기이다.

그리고 이 사건들이 다음과 같을 경우 그 사건은 더 비관적이게 된다.

- 자신의 출현에 미치는 영향이 줄어들 경우,
- 예견될 수 있는 일이 점점 더 줄어들 경우,
- 정상적으로 기대될 수 있는 시간대에서 점점 더 멀어질 경우,
- 자신의 정체성, 다시 말하면 정체성 모델과 관련되어 점점 더 많은 의문이 제기될 경우, 정체성을 떠받드는 기둥 중 한 기둥이 손상을 입고 발생한 사건으로부터 점점 더 많은 기둥이 관련될 경우.

무엇보다도 직장 생활 후의 삶으로 가는 과정이 갑작스럽고 계획에 없던, 실직이나 구조 조정으로 인해 어쩔 수 없이 일어난 경우는 많은 남자들을 위기로 몰아가게 되는데, 이런 위기는 종종 그 원인에 대해서는 전혀 인지하지 못하는 경우가 태반이다. 그것은 일에서 밀려남으로써 불분명한 고통과 우울한 고뇌로 이어질 수 있다. 이런 과도기에는 많은 육체적 징후, 심리적 장애 또는 대인관계 문제 등이 극복되지 않는다.

왜냐하면 남자들은 일생 동안 위기를 부인하고, 위기를 적극적인 활동을 통해 제압하며 약을 이용해 추스르고 아니면 위기를 위기로서 전혀 받아들이지 않는 연습을 해왔기 때문이다.

따분함 아니면 적극적 활동?

직업 세계에서 풀려난 남자는 자기 정체성의 중심 기둥을 상실한다. 왜냐하면 모든 것을 규정한 역할인 직업 정체성이 직장생활을 끝낸 뒤에도 여전히 집착될 수 있는 '과거의 정체성'[9]이 되었기 때문이다. 일생 동안 바깥으로만 신경을 써온 남자는 이제부터 즉시 자기 자신의 위치를 제대로 파악해야 한다. "남자는 이제 자신의 내면세계를 필요로 하며, 그 내면세계가 공허하고 텅 빈 껍데기로 나타나게 되면 경악할 것이다."[10]

동경에 차서 고대하고 있든지, 아니면 갑작스럽게 직면하게 되든지 간에 많은 사람들은 준비가 안 된 상태에서 계획하지 않은 장기 휴가처럼 연금 생활로 비틀거리며 나아가서 달콤한 나태의 며칠을 향유하게 되는데, 그렇다면 그 후에는 어떻게 될까? 모래성 쌓기 시합에서 땀 흘리며 삽질하는 경우처럼 여기서도 종종 옛날에 하던 대로 단순하게 같은 일이 반복되기도 한다. 빈 곳을 채우고, 꼭 필요한 것을 계속 이야기해주고, 자신의 의미를 연출하고, 약속이 적힌 달력을 채우고, 연금 생활에

9) Böhnisch/Winter 1993, 171쪽.
10) Winter 2005, 80쪽.

자부심을 가지며 어떻게든 적극적인 활동을 해서 다람쥐 쳇바퀴 속에서 바동거린다는 생각을 새로운 활동을 통해 애써 지우려고 노력한다. 그리고 그 언제부터 A씨가 표현한 바 있는 '싸구려 술집 그룹'에서 이미 오래 전에 아무도 더 이상 자신들의 말에 귀 기울이지 않는다는 것을 눈치 채지 못하는, 늙어버린 연금 생활자로 끝나게 된다.

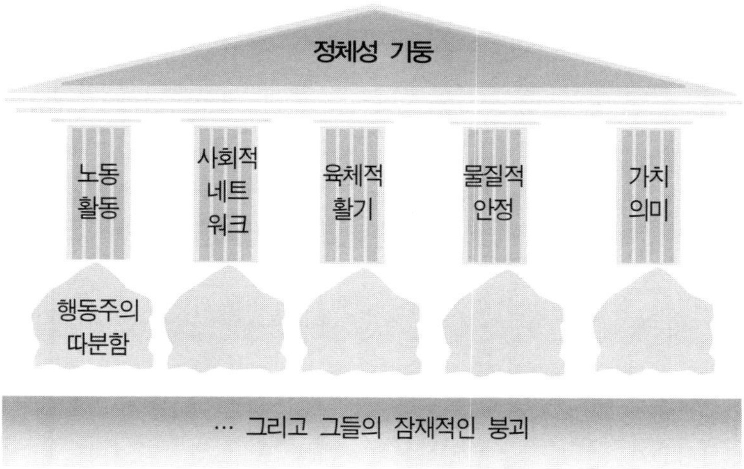

주목을 받다가 언젠가 적절한 시기에 그만 두는 것이 남성 노인에겐 아주 중요한 일이다. 적극적인 활동으로 도피함으로써 남자는 이러한 정체성의 기둥과 자기 가치를 지탱하려고 시도한다. 다른 중독성 수단처럼 일중독도 우선 사회적 결속, 사회적 지위, 의미 충만 등 포괄적인 욕구 만족을 약속한다. 그러나 늦어도 직장 생활이 끝남과 더불어 대부분 이런 적극적인 활동이 어떤 현실적인 가치를 지니는 것이 아니라, 단지 다른 정체성의 기둥을 파괴하며 얻은 보상 만족에 지나지 않았다는 사실이 드러난다. 이제 적극적인 활동으로는 그 이면적인 부분, 예컨대 따분함과 의미 없음 등에 대한 두려움을 더 이상 은폐할 수 없다. 상사, 프로젝트 계획, 기한 압박 등이 없이 남자는 이제 혼자서 그리고 자기 시간을 가지고 모든 일을 해결해야 한다. 직장 생활을 하는 동안 남자는 많든 적든 바깥으로 움직이며 삶을 영위했지만, 이제 자신에게로 돌아온다. 자기 자신에게로 돌아온 곳, 그리고 자신의 정체성이 파괴되어버린 곳에서 시간은 끝도 없이, 종종 죽을 만큼 오래도록, 20년, 30년 아니면 심지어 40년 동안 지속될 수 있다. 게다가 따분함은 삶 전체에서나 노년에서도 내 인지 능력에 따르면 너무 적게 연구된 현상이다. (내 개인 이론에 따르면 회사와 가정에서 일어나는 모든 인간 상호간의 문제들 중 약 50%가 따분함 탓이다.)

늦어도 쉰다섯까지는 청춘을 연장할지, 노년을 연장할지 결정해야 한다고들 말한다[11)]

남자가 자신의 정체성이 파괴되자마자 서게 될 위치에서 위의 두 가지 잘못된 대안으로 도피하길 원치 않는다면, 직장 생활에서 은퇴 생활로 넘어가는 과도기의 도전을 적시에 설정해야 한다. 직장 생활의 끝은 직장 생활을 되돌아보고 여태까지의

11) Bill Mockridge.

삶에 대해 결산하는, 노년과 관련된 최초의 중요한 휴지 기간이다.

- 내 이상, 내 꿈이 무엇이었던가?
- 내가 무엇을 성취했는가?
- 나는 어떤 흔적을 남겼는가?
- 나는 정말 올바른 것만 했던가? 나는 일을 제대로 했던가?
- 내가 한 일과 성과는 보상을 받을 만했던가?

이런 필수적인 결산이 의식적으로 시작되는 곳에서는 그 결산이 고통스러울 수 있고 이별과 죽음의 과정으로 연결될 수도 있다. 직장 생활의 종말은 항상 자신의 노년과 대질하게 되고, 자화상과 낯선 얼굴 그리고 두려움과의 논쟁을 가져온다. 도대체 (노동의) 삶이 끝이 난다면 무엇이 오는가? 나의 미래, 어떤 새롭고 의미 있는 것을 하기 위한 나의 자원은 무엇인가?

연구에 의하면 남자들이 인생 편력 맞추기, 예컨대 포기, 좌절, 역할 변환 등을 통해 직장 생활의 은퇴를 대부분 좀 더 잘 극복한다고 한다. 대부분의 여자들에게는 이런 것들이 평범하지만 말이다. 순탄하게 직장을 중심으로 이루어지며, 직장에서 성취감을 맛본 인생 앞에는 은퇴와 더불어 엄청나게 놀라운 좌절이 예고되어 있다. 미국 여성해방 운동의 기폭제 역할을 한 베티 프리단Betty Friedan은 여기에 대해 이렇게 말한다. "여자들은 일생 동안 자신의 활동 영역으로부터 세 번 네 번 물러날 수 있다. 그러나 남자에게 이런 일은 완전히 다르다. 비교적 지긋한 나이 그리고 쇠퇴해져 가는 육체적 상태에서 돈을 벌고 가족의 주 부양자로서 자신의 중심 역할로부터 단 한번 결정적으로 물러나는 것은 여자가 일을 그만두는 것과는 완전히 차원이 다르다."[12] 그래서 평범한 노동의 전기가 점차 쇠락해가는 것은 많은 남자들이 점점 더 자주 직면하게 될 상황이기도 하지만, 최소한 긍정적인 면도 가질 수 있을 것이다. 그 때문에 나이가 몇 살인지와 상관없이, 그러나 늦어도 50에는 우리의 두 번째 삶이 어떻게 전개될지 심각하게 생각해봐야 한다. 거의 모든 새로운 노인 문제에 대해서는 어떤 개인적인 전형이나 사회적인 전형이 없기 때문에 자신의 노년을 스스로 발견하고, 그것을 감사히 수용하며 만들어나가야만 한다. 선조들은 이런 문제를 알 수 없었다. 은퇴는 예전에는 곧 맞이할 죽음을 위해 '몇 년 동안 잠깐 쉬는 것'과 동일한 의미였던 반면에, 오늘날에는 여전히 최상의 체력과 정신적 에너지를 지닌, 단순히 그만두기는 긴 기간일 수 있다. 많은 도시와 대기업은 은퇴 준비 과정에서 이 문제를 다룰 경우 후원을 해주고 있다. 그러나 이 과정은 그리 큰 호응을 얻지 못한다. 남자들이 이런 주제를 선호하지 않기 때문이다. 지금 20대인 우리의 아들과 딸들이 50세에 이를 때까지 몇 년 동안에 걸쳐 자신들이 이미 얻을 수 있는 힌트로 교육이나 전망에 대한 현안들을 깡그리 없애버린다면 예컨대 정신적 자세 같은 데서 도대체 일치하는 것이 남아 있기라도 하겠는가?

12) Friedan 1995, 194쪽.

활력과 무력의 균형을 찾아라!

활동이라는 정체성 기둥은 두 개의 덕목인 '활력'과 '긴장 완화'가 올바르게 균형을 이루고 있을 경우에만 유지되고 안정될 수 있다. 두 극 중 하나만 움직인다면 이 덕목은 악덕으로 변질된다. 활력은 순수한 행동 지상주의로 타락하게 되고 긴장 완화는 끝없는 지루함으로 가라앉아버린다. 행위는 중지를 필요로 하며, 활력은 무력과 짝을 이루어야 한다. 노년에 이르면 활력과 무력의 새로운 균형을 발견하고, 각각에 여지를 주어야 하며, 그럼으로써 자신을 실험하고 재차 자신을 돌아보며 자신의 경험을 성찰해야 한다.

60세에 이르러 비로소 이런 균형을 유지하려고 하는 것은 아마 너무 늦을 것이다. 노인학 개념인 소위 '연속성 이론'은 우리가 살아온 만큼 나이를 먹는다는 사실에서 출발한다. 그래서 늦어도 50세에는 인생에서 주도적인 시기가-인생의 단계는 교육, 노동, 은퇴라는 세 단계로 구분할 수 있는데 노동의 시기를 주도적인 시기라 볼 수 있다-꺾이는 기간이 아닌가라는 질문을 제기해야 한다. 노동에 점점 더 적은 시간을, 그리고 교양, 사회생활, 여가 등에 더 많은 시간을 할애함으로써 실제적으로 은퇴 준비를 해나간다. "특권이 부여된 대학교수께서 말을 잘 하시네요! 그런 분은 올바른 삶의 동력 장치와 제약들을 모릅니다!"라는 여러분의 이의 제기가 내게 들리는 듯하다. 비록 해석이 상이할 수도 있지만, 나는 이것을 변명으로 간주할 것이다. 대부분의 남자들은 자신들이 실제로 원한다면 더 많은 활동 공간을 가졌을 것이다.

노년에는 활력과 긴장 완화라는 양극에서 종종 '양쪽 모두' 대신에 '양쪽 중 하나'를 선택하게 된다. 그 이면에는 독일의 노인 구조의 특징이 나타나며 오늘날에도 노년과 노인에 대한 우리의 태도에 영향을 주고 있는 두 가지 개념이 존재한다. 1950년대와 1960년대에는 노인이 노동으로 점철된 삶이 끝난 후에는 단지 한 가지만을 원한다는 사실에서 출발했다. 즉 그것은 편안하게 쉬며 일상의 혼잡에서 물러나, 살만큼 살아서 심신이 지친 상태에서 곧 다가올 죽음을 맞기 위해 삶을 결산하는 것이었다. 그 결과 1950～1960년대는 녹지로 탁 트인 전망을 지닌 발코니와 일요일 오후의 정해진 방문시간을 내건 양로원이나 간호시설이 교외의 녹색 초원에 건립되는 시기였다. 이러한 개념은 오늘날에도 노인들의 오후 모습으로 두드러지게 각인되는데, 그 곳에서는 왜소한 노인이 하루 종일 간호를 받는 것에 대해 감사하고 있다거나, 또는 시설에서 생활하는 노인의 최후 숨결이 "당신은 여기서 아무 것도 하실 필요가 없습니다. 저희가 당신들을 도울 것입니다!"라는 문장으로 만족하게 되는 그런 분위기였다.

현재 노인 노동에서 우세한 '활력 이론'은 노동이 긴장 완화와 무력의 반대편에 위치한 극임을 강조한다. '쓰지 않으면 녹슨다'라는 속담이 새로운 슬로건이다. 이 슬로건은 육체적, 정신적 그리고 영혼의 감퇴와 와해에 대항하는 선전 문구이다. 활력을 통해서 건강이 유지될 수 있고, 심지어 상승되기까지 하며, 육체적인 노화 진행이 느려질 수도 있다는 사실은 의심의 여지가 없다. 그리고 최근의 뇌 연구 결과에 의하면 두뇌는 일생 동안 세포가 감소해가는 것이 아니고 적절한 육체적 정신적 활력을 통해 노년에 이르기까지 새로운 세포를 생성시킬 수 있다는 것이 입증되었다. 그러나 활동적이며 성공적이고 행복한 노년을 위한 진부하기까지 한 처방 서적을 갖춘 서점의 참고 책자 칸을 둘러보면, 활력 중심의 생활도 비인간적인 명령으로 변질될 수도 있다는 인상이 밀려든다. (노년에서의) 활력은 중요하고 좋은 것이기는 하지만, 그것이 절대화될 경우에는 값진 가치가 무의미한 가치로 전락하게 된다.

이 장의 결말로 내가 좋아하는 이야기를 하나 하고 싶다. 그것은 스페인의 위대한 첼리스트 겸 지휘자인 파블로 카잘스Pablo Casals의 회고록 중 한 부분인데, 여기서 카잘스는 자신이 93세로 자신의 노년을 어떻게 보내고 있는지 서술하고 있다.

최근에 내 친구 사샤 슈나이더가 코카시스 출신의 소련 음악가 그룹이 내게 보낸 편지를 건네주었다. 편지 내용은 이렇다.

친애하며 존경하는 마이스터에게,

저는 게오르크-코카시스 오케스트라의 일에, 즉 저희 연주회를 지휘해 주시도록 당신을 초대하게 되어 기쁘기 한량없습니다. 당신은 그 연세에 저희 오케스트라를 지휘할 영예가 부여된 최초의 음악가가 될 것입니다. 저희 오케스트라 역사상 100세가 안 된 분에게 지휘를 허용한 경우는 한 번도 없었습니다. 오케스트라 단원 모두가 100세가 넘습니다! 그러나 우리는 당신의 지휘 재능에 대해 들었고, 당신의 경우에는 당신의 젊음에 관계없이 예외를 주어야 한다고 생각했습니다. 곧장 승낙해주시길 고대하겠습니다. 교통 요금과 체류에 필요한 비용도 저희들이 지불할 것입니다.

경의를 표하며,

아스탄 슐라르바 의장, 123세

사샤는 익살꾼이며 장난치는 것을 좋아한다. 이 편지는 그런 장난이었으며, 물론 사샤가 직접 썼다. 그러나 나는 처음에 내가 그 편지를 곧이곧대로 믿었음을 고백한다. 왜 믿었을까? 단원 모두가 100세 이상인 오케스트라가 존재하리라는 사실은 내게 전혀 불가능해 보이지 않았다. 그리고 실재로 내가 옳았다. 정말 코카시스에는 그런 오케스트라가 존재하고 있다 […]

장난으로부터 종종 배울 것도 나온다. 이 경우에 나는 무언가를 배웠다. 고령에도 불구하고 이 음악가들은 자신들의 즐거움인 음악을 결코 잃지 않았다. 이것을 어떻게 설명할까? 나는 그 이유로 단순히 그들의 체력에 기인하거나 그들이 살고 있는 지역의 독특한 기후 덕택이라고 생각하지는 않는다. 오히려 이 남자들이 삶에 대해 대처하는 방법에 그 이유가 있을 것이다. 즉 그들의 노동력은 자신들이 아직 일을 하고 있다는 사실에 많은 부분 기인하고 있다고 나는 생각한다. 노동은 젊음을 유지시켜준다.

어쨌든 나는 내가 은퇴하리라고는 꿈에서도 생각하지 않는다. 지금도 아니고 나중에도 아니다! 은퇴라니, 이 얼마나 낯선 상상인가! 은퇴를 생각하는 것은 이미 나에게는 상상조차 할 수 없는 일이다. 내 방식대로 일을 하는 누군가가 숨이 아직 붙어 있는데도 은퇴를 할 수 있다고 나는 믿지 않는다. 내 일은 내 삶이며, 삶에서 일을 분리시킬 수 없다. 은퇴를 한다는 것은 나로서는 죽음을 맞이함을 의미한다. 일을 하며 지루해하지 않는 남자는 늙지도 않는다. 노동 그리고 노력을 기울일 만한 일에 대한 관심은 늙음을 방지하는 최고의 치료제이다.[13)]

13) Pablo Casals. 출처 : ≪긴 노정에서 빛과 그림자. 알베르트 E. 칸에 의해 기록된 기억들*Licht und Schatten auf einem langen Weg. Erinnerungen aufgezeichnet von Albert E. Kahn*≫, ⓒ S. Fischer Verlag GmbH, Frankfurt am Main, 1971.

2장

따로 아니면 같이?

자기가 얼마나 늙었는지
알려면 젊었을 때 만난
사람들의 얼굴을 들여다보라

하인리히 뵐 Heinrich Böll

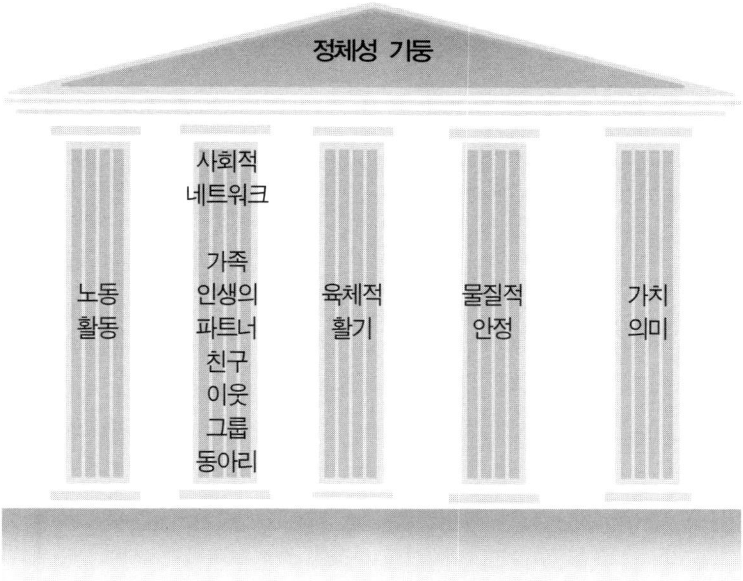

B씨는 좋은 주택지의 가장자리에 위치해 있으며 미적 감각으로 지어진 연립주택에 거주한다. 70세의 B씨는 따뜻한 봄날에 애지중지 가꾸어온 정원에서 반바지차림으로 나를 맞았다. 그는 즐겁고 긍정적인 인상을 지녔으며 작센 사투리를 약간 쓴다.

1936년 작센에서 태어난 그는 아비투어를 마친 후에 '사회적 평가'가 좋지 않았기 때문에 대학에 바로 들어가지 못하고, 베를린으로 가서 비로소 물리학을 전공할 수 있었다. 그 후 반도체 기술 개발팀에 근무했고 회사와 함께 남부 독일로 이사했다. 58세에 일반적인 조기퇴직 규정에 따라 직장 생활을 포기한 것은 그에게 무척 힘든 결정이었다. 그러나 그는 그 결정을 결코 후회하지 않는다.

그는 부인과 이혼했으며, 30대 두 딸의 아버지이고, 손자 3명을 둔 할아버지이기도 하다. 그는 몇 살 아래인 반려자와 함께 공동으로 구입한 주택에서 살고 있다. 은퇴의 공허감에 대한 두려움에서 B씨는 일주일에 두 번 회사에서 일을 한다. 그 곳에서는 그의 반려자도 함께 일한다. 그리고 그는 자신의 집을 수리하고 정원을 가꾸는 데 많은 노력을 쏟는다. 어느 날 그는 도시의 노인 단체와 접촉하게 되었고, 취미인 자연 소묘를 위해 정기적으로 만날 것을 제안했고, 이러한 만남은 그 후 몇 년 동안이나 유지되었다. 또한 무엇보다도 사회적인 활동을 위해 그는 수 년 동안 이 조직을 위해 총무직도 수행했다.

B씨는 10년 전부터 2주에 1번씩 노인카페를 여는데, 그곳에서 그는 유일한 남자다. 그밖에도 '번개같이 민첩한 결정'으로 그는 '새로 영입된 외국학생'을 위한 독일어 과정에서 이틀 동안 오전에 교사를 보조하는데, 이 일은 오래 동안 순수 명예직이었으며 사례비는 소액에 지나지 않았다. 그는 이 일을 통해 12세에서 17세에 이르는 '큰 애들'을 다루고 그들에게 무언가를 말할 수 있고 경우에 따라서는 성공적으로 그들에게 자제를 요구할 수 있다는 것을 자랑스러워했다. 그는 취미로 그림을 그리며, 자신의 재능을 반려자와 함께 한다. 그 외에도 그는 교회합창단에서 노래를 부르며, 간간이 이웃 아이들을 돌봐주기도 한다.

이 모든 과제들이 자신에게 '어떤 유용한 것을 한다'는 '즐거운 느낌'을 준다고 그는 나에게 설명했다. "나는 새로운 능력을 발견했어요. 예전에 나는 물리학도로서 실물이나 과제 중심으로 치우쳤던 반면에, 오늘날에는 기술보다는 인간에 더 많은 관심을 가지게 되었습니다. 저는 그것에 정말 만족합니다! 제 인생의 전환점은 아마 이혼일 것입니다. 이혼으로 인해 저는 곤경에 빠졌습니다. 그때 저는 내 자신과 내 희망을 중요하게 생각하는 심리치료를 배웠습니다. 저는 정말 늙었다는 느낌이 들지 않습니다. 가스펠 합창에서 노래의 끝부분에 이르러 오른 팔을 높이 뻗으라고 요청받을 때면 금방 히틀러 인사가 기억납니다. 아시다시피 저의 기억은 대부분의 다른 합창 단원들의 기억보다도 더 선명할 것입니다. 과거에 앓은 심한 담석산통은 저에게 인생을 어떻게 보내야 하는지를 보여준 일종의 사전 경고였습니다. 제가 어느 날 간호를 필요로 할 때 동료가 약간 도와주길 원했습니다. 제 주변에 아무도 없었다면 저는 양로원으로 갔을 겁니다.

저는 친구를 갖고 있습니다만, 정말 절친한 친구는 없습니다. 멀리 떨어져 사는 친구와 저는 더 이상 깨지지 않은 좋은 관계를 갖고 있습니다." 미래에 대한 소망에 대해 질문하자 그는 몇 년 전에 작성해서 벽에 걸어두었던 목록을 보여 준다. 일련의 조그만 소망 외에도 무엇보다 딸들과의 관계가 그에게는 중요하다고 한다. "제가 동료와 함께 공동의 프로젝트를 개발시킬 수 있다면 좋을 거라고 생각합니다." 자기 자신을 위해 그는 "내가 아직도 할 수 있는 것에 나를 긍정적으로 적응시키기 위한 - 그러면 저는 행복할 것입니다- 충만한 내면적 변화력"을 희망하고 있다.

퇴직과 더불어 남자의 사회적 네트워크는 대부분 급격하게 위축된다. 그의 관계는 일차적으로 직업상 구축된 것이었으며 회사를 떠남과 더불어 대부분의 '친구들'이 회사에 남겨진다. 친구 관계의 바탕이 공동의 직장 활동이었기 때문이다. 남자들은 기능적이지 못한 사회적 관계로부터 자신을 관리하는 것을 대부분 배우지 못했다. 퇴직 후에도 계속되는 사회적 접촉은 흔히 부인을 통해 연결된 네트워크다. 그러나 이것은 그들의 네트워크, 일반적으로 남자들이 어떤 역할을 수행하거나 찾을 수 없는 여성 네트워크다. 그 때문에 은퇴는 적지 않은 남자들에게는 우선 뜻밖의 상태, 즉 자신의 주변이 정지해버린 평안 속의 상태와 갑작스럽게 대면하는 것을 의미한다.

옛날 젊은 시절에 흔히 두 번째로 중요한 위치에 있었던 부부관계가 늙은 남성에게도 중요하다는 사실은 놀라운 일이 아니며, 여러 연구가 이를 입증하고 있다. 예전에는 그가 직업과 결혼을 했다면 이제 부인이 갑자기 가장 중요한 관련 인물이 되어버린다. 만약 부인도 동시에 관계를 새로이 규정하고 싶은 소망을 느낀다면 직업과의 이혼은 오래된 결혼 생활에서 새 출발을 위한 기회일 수 있다. 남편과 아내는 은퇴하게 되면 한 번 더 서로에게 충실할 수 있고, 새로운 것을 발견하고, 관계를 새로 정립하고, 공동의 노년 프로젝트를 발전시킬 수 있다.

파파 앙테 포르타스(문 앞에 선 아버지)

그러나 아내는 남자의 퇴직 시점에 그 스스로가 직장에 다닐 수도 있고, 아니면 오래전부터 체념한 채 그들의 관계 개선을 포기했거나 자신만의 친구 모임이나 사회생활을 구축했을 수도 있지 않을까? 남자가 집으로 돌아온다면, 로리오트Loriot[1])의 표현을 빌리자면 '파파 앙테 포르타스' 즉 아버지가 문 앞에 서게 된다면, 우선 그는 여태까지 보호된 여성의 영역으로 들어오게 되는 것이다. 직장 생활 중에 가정에서는 손님의 위상을 더 많이 가졌던 남자는 더 이상 그 위상을 유지하지 못한다. 그는 저녁과 주말에 기꺼이 집에 머물지만, 그가 없어도 가정은 편안하고 혼란스럽지도 않다.

남자가 집에서 자신의 명목상의 소유권을 집의 공동 형성에 대한 권리로 잘못 이해한다면 그것은 종종 비판을 받을 수도 있을 것이다. 남자는 지속적으로 집을 꾸미고 자신의 중지된 창조력을 투자하려고 한다. 아니면 그는 심지어 살림은 여자가 다 하고 남편은 손 하나 까딱 않는다고 불평했던 자기 부인에게 큰 소리까지 친다. 부인에게 몇 번의 합리적인 비결을 보여주고 적절한 가사경영방법을 가르쳐주기 위한 조직 전문가와 지도력이 이제 집으로 온다. 간단히 말해 그는 모든 일에 간섭한다.[2] 물론 이미 40년 동안 남편 없이 잘 했던 것처럼, 계속 남편 없이도 잘 진행될 것이다. 이미 노년에 접어든 전후 재건기의 부인들이 2차 대전이 끝난 후 전쟁에서 돌아온 남편과 직장에서

1) 로리오트는 비코 폰 뷔로브Vicco von Bülow(1923～)의 예명이다. 독일의 희극 작가, 배우, 감독, 연극학 교수이다. 퇴직한 후 아버지의 삶을 그린 영화 <문 앞에 선 아버지Pappa ante Portas>(1991)를 만들고 직접 배우로 출연했다.(옮긴이주)

2) 민법전을 살펴보면 분명해진다. 제1356항 1조는 다음과 같이 규정하고 있다. "부부는 상호 합의 하에서 가계 운영을 규정한다. 가계 운영이 배우자 중 한 쪽에만 맡겨진다면, 이 배우자는 자신의 책임 하에 가계를 꾸려간다." 물론 이것은 남편의 퇴직 이후에도 지속된다.

돌아온 남편으로부터 이제 다시는 주도권을 뺏기지 않겠다고 은밀하게 맹세했던 것처럼, 그들의 딸들도 이제 갑작스럽게 제2 바이올린 주자가 되리라고는 생각하지 않을 것이다.

필레몬Philemon과 바우키스Baucis[3] 또는 '모델 캐이브맨'?[4]

황혼 결혼의 질에 대한 연구는 한편으로는 결혼 생활이 평균적으로 노년일수록 더 나빠지는 반면, 다른 한편으로는 남자들은 자신들이 늙어갈수록 결혼 생활에 더 만족해한다는 모순적인 결론을 보여준다.[5] 남자들은 오랜 결혼 생활 속에서 자신들의 부인을 도와주기보다는 부인으로부터 도움을 받는 데 익숙해 있다. 그렇기 때문에 인생의 종단면 연구의 결과는 이렇게 설명될 수 있다. 혼자 사는 남자가 결혼한 남자보다 수명이 짧은 반면, 여자의 경우에는 정확히 그 반대 현상이 나타난다. 즉 싱글인 여자가 결혼한 여자보다 더 오래 산다.[6]

연구결과를 자세히 살펴보면 황혼 이혼의 3분의 2가 여자들

3) 그리스 신화에 나오는 노부부. 부부의 영원히 변치 않는 마음과 영원한 삶에 대한 꿈이 신들의 도움으로 현실화되는 이야기. 이것을 소재로 1960년 서독에서는 츠보네크Edwin Zbonek가 <필레몬과 바우키스>라는 제목으로 영화를 만들기도 했다.(옮긴이주)

4) 케이브맨은 캘거리대학의 과학자들과 그래픽 아티스트들이 해부학지식과 표본들을 동원해 만든 세상에서 가장 정교한 디지털 인체 모델이다.(옮긴이주)

5) Gräser 2002.

6) Berberich/Brähler 2001; Fooken 1999. 그에 반해 결혼한 남자들이 총각들보다 오래 산다는 것은, 단지 그들에게 그렇게 보였을 뿐인데, 널리 유포된 미신에 지나지 않는다고 누군가가 반론을 제기했다.

에 의해 제기되며, 그 경우 흔히 남자들이 패배자가 된다는 사실은 더 이상 놀라운 일이 아니다. 부인이 필요한 모든 것을 해결해주고 생계를 꾸려나가는 것처럼 보였던 인생의 유일한 반려자 역할을 담당했던 곳에서 이런 배우자 없는 삶은 상상하기조차 어렵다. 그 때문에 이혼한 남자들은 부인이 있는 남자들보다 거의 2배나 높은 사망률의 위험에 노출되어 있다.[7]

에리히 쉬첸도르프는 "사람들은 끊임없이 서로 의사소통을 해야만 한다는 사실을 잊은 채 자신을 노부부라고 생각합니다. 어쨌든 저는 그렇게 생각합니다"라고 쓰고 이렇게 덧붙인다. "그러나 내 처는 그렇게 생각하고 있지 않습니다."[8] 남자와 여자는 유전자적인 근거에서 서로를 전혀 이해할 수 없다는 무조건적인 주장에서 출발할 필요는 없지만, 성별간 의사소통이 흔히 매우 불균형함은 확실하다. 신경 생물학적 차이 외에도 상이한 사회 적응 조건을 생각해볼 수 있다.[9] 우리는 청소년운동 시기,[10] 전쟁전의 시기, 전쟁 시기에서 불굴의 전통적인 남성상으로 각인되었던 아버지들처럼 청년으로 있길 원했다. 독일의 노인학 연구자 인자 포켄Insa Fooken에 따르면 이런 아버지 세대는

7) Klein 1993.

8) Schützendorf 2005, 67쪽.

9) 당신이 자신에게나 당신의 배우자에게 이 주제에 대한 재미있는 연극을 보여주고 싶다면, 전국적으로 공연되고 있는 로브 베커의 <캐이브맨>을 반드시 관람하길 권한다.

10) H. 블뤼헤Blühe(1888～1955)의 책 ≪반더포겔. 청소년운동의 역사*Wandervogel. Die Geschichte einer Jugendbewegung*≫에서 따온 표현으로 세기 전환기 독일어권의 청소년운동을 일컫는다.(옮긴이주)

"남성적 개성이 형성된 결과인데, 다시 말하면 강인하고 과묵하며 자기 확신에 찬, 동시에 군대의 충성스러운 일원인 남자의 최종 산물"[11]이다. 우리는 1년 동안 만났다가 헤어질 때의 인사가 잘 가라는 단 한 번의 악수로 충분했던 빈네투Winnetou와 올드 샤트한트Old Shatterhand[12] 사이의 관계와 같은 남성다움과 남성 관계에 환호했다. 이러한 전통적인 이상적 남성상은 70년대에 접어들기까지 실제적으로 견고하게 유지되고 있었음은 분명한 사실이다. 학생운동 시기에도 다가올 여성운동으로 인한 남성상의 문제제기에 대한 이해는 여전히 없었다.

독일의 사회학자 하이드룬 브륀델Heidrun Bründel과 클라우스 후렐만Klaus Hurrelmann의 주장에 따르면 남자의 역할은 "어떠한 경우에라도 여자와 차별을 두며, 여성적인 태도와 거리감을 두고 자신을 다른 사람보다 우월하다고 느끼며, 독립성을 유지하려는"[13] 노력을 통해서 규정된다고 한다. 불안하고 언제나 위협적인 성 정체성의 고정화는 독일 남성 연구가인 로타르 뵈니슈Lothar Böhnisch와 라인하르트 빈터Reinhard Winter에 의해 묘사된 '발산'이라는 원칙에 유리하게 사용된다. 발산이라 함은 일생 동안 밖으로 향하는 지각이나 행동을 의미한다. 발산은 다른 사람과 마찬가지로 자기 자신과도 결속이 부족한 상태이다. 침묵은 이런 역할과 일치하며, 가까움에 대한 두려움이 너무 커지는 곳에는

11) Fooken 1986, 256쪽.
12) 독일영화 <빈네투와 올드 샤터한트>에 나오는 두 명의 남자 주인공.(옮긴이주)
13) Bründel/Hurrelmann 1999, 104쪽.

조정이 허용된다. “남자들은 종종 일종의 최면 상태, 나쁘게 도달될 수 있는 자기 최면 상태, 과도한 요구가 있을 경우에는 도피처로서 찾으려 하는 자기 최면 상태에 빠진다.”[14] 특히 남자라는 정체성이 위협을 받는 순간에는 침묵으로 일관함이 남자를 보호해줄 수 있다. “‘상처 받은’ 남자의 근본 문제는 자기 자신에 대해, 그리고 자신을 위협하는 것에 대해 말을 잃어버리는 것 (‘효율적 침묵’)이다”[15]라고 로타르 뵈니슈가 주장한다.

그리스 신화에서 헤어지지 않으며 영원히 사랑하는 부부인 필레몬과 바우키스의 본보기는 잘못된 보기일 수 있는데, 왜냐하면 이런 신화 속의 부부를 보면 남자와 여자 사이에 나이 들어가며 계속 발전하는 관계가 차츰 불행하게 보이기 때문이다. 사랑과 애정도 나이를 먹으며, 늙어가면서 잃기도 하고 얻기도 한다. 에로틱한 긴장감이나 매력이 줄어든 사랑은-노인 부부의 경우 이런 현상은 어쩔 수 없이 계속 증가하는데-신뢰로 바뀔 수 있다. 늙어가는 동반자의 마음속에는 그들이 함께 해온 과거가 점점 더 많이 스며들어 있다.

부부관계가 이제까지는 최대한 가깝게 그리고 함께 항시 새

---

14) Shapiro 1992, 212쪽.

15) Böhnisch 2005, 83쪽.
아들이 연극 공연에서 주연을 맡게 될 것이라고 아버지에게 자랑스럽게 이야기해준다. 아들은 25살의 기혼 남성을 연기할 것이라고 말했다. 그러자 아버지가 말하길, “잘됐구나. 아들아. 그렇지만 다음번에는 말하는 역할을 선택하렴.”

로운 사랑으로 살려는 두 사람의 관계, 즉 다이애드Dyade였다면, 이제 시스템은 아이가 포함된 트리아드Triade[16]로 변화한다. 남자와 여자는 이제 종종 아버지와 어머니라는 새로운 역할로 자신들의 관계 모형을 확장시킨다. 아이들이 집을 떠난다고 해서 밀월 기간, 즉 이전의 상태로 돌아가는 것은 더 이상 불가능하다. 새로운 삶의 질이 전개되어야 한다. 이것은 한편으로는 다시 다이애드로 수용하고 공동의 것을 (다시) 발견하거나 아니면 새로 개발하는 것을 의미한다. 만약 부부가 트리아드의 시기에 부모 역할 외에 계속해서 부부역할도 하며 생활했다면 새로운 삶의 질은 그만큼 더 쉽게 찾을 수 있을 것이다. 다른 한편으로는 둘이 수년에 걸쳐 자기 고유의 영역을 각각 개발하며 살았거나 꼭 필요한 것으로 계속 하기를 원하는 것은 반드시 서로가 인정해주어야만 한다. 공동 침실이 젊은 시절의 결혼 생활 그리고 거실이 부모와 가족 상황을 상징했다면, 공동 주택의 두 개의 방은 부모 역할 후의 동반자 관계를 나타낼 수 있을 것이다. 각자의 방에서 각자가 자신의 일을 하며 두 사람 공동의 일이 생길 경우에만 만나는 것이다.

일생 동안 지속되는 결혼 관계의 조화와 꾸준한 공동생활에 대한 상상이 얼마나 이상적이며 자연스럽지 않은지, 휴가 여행을 가보면 알 수 있다. 당신은 원하는 곳으로 갈 수 있다. 거기서 당신은 카페에서 그리스 남자들을 그리고 공놀이를 하는 남

16) 다이애드는 '양자관계', 트리아드는 '삼자관계'를 의미한다.(옮긴이주)

부 프랑스인들을 만날 수도 있다. 그리고 슈바벤 알프에 사는 비슷한 연령대의 늙은 농부들을 단골손님 탁자에서 만날 수도 있다. 남자와 마찬가지로 여자들도 다른 곳에서 그들과 같은 류의 사람들을 만난다. 어디에서도 노년에는 당연하게 일부 헤어져 지내는 남성 세계와 여성 세계가 존재한다.

아내가 떠나 버린다면?

부부 관계가 노년에 이르러서도 지속되어야 한다면, 파트너 관계, 친근함과 거리감, 부모 역할 후에 찾아오는 동반자 관계, 노동 분배 등이 이제 새롭게 학습되고 조화를 이루어야 한다. 이것은 항상 자신의 힘만으로 성취되지는 않으며, 가능하다면 전문가와의 (부부 관계) 상담을 필요로 한다. 노부부의 이혼율은 70년대 이래 2배 이상 상승했다. 즉 이혼한 부부의 20%가 20년 이상 결혼 생활을 지속했던 부부였다. 전통적인 역할 분배로 유지해온 결혼 생활은 황혼 이혼의 위험이 가장 크다.[17] 오십이 넘는 사람들 중에 상담을 원하는 사람들의 백분율은 여전히 미미하다. 사람들을 만나는 데 대한 두려움과 의구심은 점점 커져간다. 이것은 나이가 들어감에 따라 변화 가능성과 발전 능력을 가로막는 요소들이다(치료 전문가의 견해도 마찬가지이다). 로타르 뵈니슈는 "상처받은 남자"의 기본 문제가 "자기 자신에 대해 그리고 자신을 위협하는 것에 대해 침묵해 버리는

17) Fooken 2000.

것"이라고 서술하고 있다. 상처받은 남자는 자신과 자신의 문제에 대한 자제력을 상실해버릴 수도 있다는 두려움으로 자신의 문제를 합리화하려고 시도한다. "남성다움은 상담받기와는 서로 엇갈린다. 왜냐하면 남성다움이란 것은 밖으로 분출하려고 노력하는 성향이 있는 반면, 상담은 내면으로 들어가길 원하기 것이기 때문이다."[18] 남성이 상담을 허락할 경우, B씨의 경우에서처럼 상담은 자신의 내면에 완전히 다른 면이 있다는 사실을 한 번 더 발견할 기회일 수 있을 것이다.

노동 세계에서는 팀 발전, 중재, 훈련 등이 오래전부터 이미 오명을 벗고 의사소통과 협력의 향상을 위한 일상적이며 규칙적인 조치가 되었다. 기업 생산성 향상을 위해서는 인정받은 이런 가능성이 더 나은 결혼 생활을 위해서는 왜 도움이 되지 못할까? 말이 났으니 말이지 만약 그런 것들이 (팀 발전, 중재, 훈련 등이 여전히) 존재한다면 당신의 결혼 생활은 어떤가? 당신은 의사소통과 협력을 증진시키기 위해 마지막으로 투자해본 것이 언제였던가? 아니, 최근에 준 꽃다발은 그런 일에 속하지 않는다. 그 꽃다발은 비즈니스 문화의 진흥을 위한 일반적인 상술 제스처에 지나지 않는다.

또한 최상의 결혼도 아내의 죽음으로 끝날 수 있다. 배우자가 죽는 경우는 주로 여자들이 겪어야 하는 운명이다. 이것은 여자

18) Böhnisch 2005, 83쪽.

들이 평균적으로 더 오래 살며, 오늘날의 노부부들의 경우 아내가 대부분 남편보다 몇 살 더 젊기 때문이다. 어쨌든 남자들의 15%가 65세가 넘으면 배우자가 죽고 홀로 된다. 아내의 죽음으로 공동의 결혼 정체성도 사라지며, 자신의 일부도 죽는다. 남편은 부모의 죽음으로 인해 자신이 이제 맨 앞쪽으로 나와야 한다는 것을 느끼는 것처럼, (젊은) 아내의 죽음으로 인해 자신의 죽음이 더 가까워졌음을 느끼게 된다. 남편은 아내와 이별을 함으로써 여태까지의 삶과도 이별을 고하게 된다. 그리고 이것은 또한 주거지의 상실과도 연결된다. 남자들은 이런 이별을 여자들보다 극복해내지 못한다. 남자의 경우 아내가 죽은 후 1년 사이 1.5배나 높은 사망률을 보여준다. 그 때문에 남자들은 아내의 죽음에 따른 슬픔을 극복하려면 예컨대 조직화된 장례 그룹의 도움을 받아야 한다. 아내의 죽음에 대한 애도의 여러 가지 형태에 대해서는 독일의 노인 심리치료사인 마이놀프 페터스Meinolf Peters가 이렇게 서술하고 있다. "장례식에서 장례가 쉽게 치러지면 질수록 그 관계는 보다 더 행복하고 성숙된 것이었음은 가장 잘 알려진 모순에 속한다."[19)]

무엇보다도 노년에서의 인구통계학적인 성별관계를 근거로 보면 남자들에게 재혼은 충분히 가능한 일이다. 60세 이상의 여자 중 약 절반만이 (여전히) 결혼한 상태인 반면, 남자들은 적어도 5분의 4가 결혼 상태이다. 60세가 넘어서 한 번 더 결혼한

19) Peters 2004, 200쪽.

사람들 중 4분의 3이 남자다.

가족이란 흩어졌다 뭉치는 것

다행스럽게도 아내 외에도 남편에게는 아이들이 여전히 남아 있다. 오늘날 비록 아이들과 부모의 관계가 대부분 예전처럼 그렇게 친밀하지는 않지만 (한 지붕 아래 3대가 조화롭게 살고 있는 그림은 물론 아름답겠지만, 역사 사회학 연구를 통해 그것은 이미 오래 전에 반박된 신화에 지나지 않는다), 양측에 의해 대부분 정서적으로 모두가 아는 것으로 서술되는 조화로운 관계가 지속되고 있다. 그러나 거기에는 불균형이 존재한다. 즉 부모들은 성장한 아이들과의 연대감을 아이들보다 훨씬 더 강하게 느끼고 있고, 접촉 필요성도 아이들보다 더 크게 느끼고 있다. 부모와의 접촉은 예전에는 의무적으로 유지되어왔다. 그러나 요즘에는 아이들의 뜸한 안부에 부모들은 슬퍼한다. 독일 철학자 페터 슬로터디이크Peter Sloterdijk는 "모유는 위로 흐르지 않는다"라는 격언을 통해 이런 자연법칙을 묘사했다. 우리는 아이들을 점점 더 풀어주고 자유롭게 해주기 위해 모든 것을 놓아야만 한다. 그 때문에 아이들이 현재 평균적으로 점점 더 늦게 행하고 있는 것, 예컨대 어느 날엔가 집을 떠나고 또한 그 언젠가 자신의 가정을 만든다면 그것은 좋은 일이다. 위의 두 사건은 구속에서 풀려남을 요구하며, 고통스럽고 슬픔과 결부되어 있다. 이 사건들은 세월이 흘러감에 따라 계속 나타나기 때문에 우리를 또한 늙게 만든다.

남자들은 한창 직장 생활에 전념할 때 이런 중간 휴지를 경험하고 주변에서 일어나는 일로 그런 일을 더 많이 겪는 반면, 아내들에게 이런 중간 휴지는 흔히 노년으로 들어서는 최초의 큰 발걸음이다. 여자들이 직장 생활을 하고 있다고 하더라도 아이들이 집을 떠나는 것은 그녀들의 최초의 커다란 역할 임무를 의미한다. 이것은 시기적으로 보면 여자에게 노년과의 격렬한 대질을 의미할 수 있는 폐경기와 종종 결부되고 있다. 남자는 이것을 의식하고, 이런 위기에 처한 아내의 변혁기에 대해 이해해야만 한다. 자신의 노년 외에도 아내의 노년이 부부 사이에서 반드시 언급되어야 하는 테마이다. 왜냐하면 숙고를 거치지 않은 충동적인 반응, 즉 독일 심리치료사인 한스 옐로우쉐크Hans Jellouschek가 서술하고 있듯이, 왼쪽에는 나이가 든 헤라를 누워 있게 하고 젊은 세멜레[20]를 탐닉하고 있는 연로한 제우스의 영상이 단지 피상적이며 일시적으로만 영원한 젊음을 상징하고 있기 때문이다.

점점 더 적어지기는 하지만 다행스럽게도 여전히 아이들은 손자들을 낳는다. '오파'[21]라는 타이틀을 지니게 되는 할아버지가 된다는 것은 분명하게 그리고 건성으로 들어 넘길 수 없이 (비록 외관상으로는 오파처럼 전혀 보이지 않을지라도) 나이를 먹은 것이다. 그러나 자식들에게는 소홀히 했던 것을 손자들에

20) 그리스 신화에 나오는 여신. 테베왕 카드모스와 하르모니아의 딸로 제우스와의 사이에서 디오니소스를 낳고, 헤라의 질투로 벼락에 맞아 죽었다.(옮긴이주)
21) 'Opa'는 할아버지를 칭하는 독일어 표현이다.(옮긴이주)

게 충실히 이행한다면 다시 한 번 놀라울 정도로 젊어질 수 있다. 어린 자식이 그 언젠가 제대로 축구를 할 수 있을 때까지 기다리는 게 아니라, 엉덩이를 닦아주고 기저귀를 갈아주면서 바닥에 누워 레고 탑을 함께 쌓으며 놀이터에서 젊은 엄마들과 함께할 수가 있다. 그러면서 의식적으로든 무의식적으로든 자신의 부모가 자신을 키운 시절을 한 번 더 체험해보는 것이 삶의 내적인 완성을 위한 중요한 발전일 수 있다. 손자는 조부모에게 내일의 세계를 열어주고, 새로운 것을 연결시키며 최소한 기술적인 세계를 설명한다. 그림책 '늙은 할아버지와 손자'에서 볼 수 있듯 할아버지와 손자는 항상 특별한 관계이다.[22] 그것은 손자에 대한 할아버지의 역할이 단순히 자신의 아들딸에 대한 아버지 역할의 반복이 아님을 전제로 한다. 할아버지들은 벌을 주는 교육자이거나 조언자이면 안 된다. 이런 일은 부모들의 일일 것이다. 좋은 할아버지는 경우에 따라 비위를 맞춰주거나 관심을 기울여주는 대화 파트너이며, 손자에게는 아주 특별한 관계로 초대하는 성장 파트너이다. 그런 할아버지 역할이 나이 들어가는 남자에게는 새롭고 중요하며 확장된 역할 분야가 될 수 있을 것이다.

22) 두 권의 책을 추천한다. 모든 세대에게 한결같은 감동을 주는 그림책으로 어린 손자가 양로원에 있는 할아버지를 찾는 내용인 울프 슈타르크Ulf Stark와 안나 회그룬트Anna Höglund의 이야기 ≪휘파람을 불 수 있니, 요한나*Kannst du pfeifen, Johanna*≫와 암 투병을 하는 늙은 이탈리아 노인과 그의 어린 손자와의 만남을 묘사하고 있는 호세 루이 삼프레도José Luis Sampredo의 놀라운 책 ≪*에트루리아*의 미소*Das etruskische Lächeln*≫이다.

친척들 중에서는 옛날에 부모 다음으로 중요한 파트너 관계였던 형제를 꼽을 수 있다. 큰 형은 얼마나 크고 강하며 모범적이었고, 어린 동생은 또 얼마나 작고 어리석으며 보호를 필요로 했던가. 중년에 이르면 가장 가까운 친척인 형제들이 일반적으로 중요하지 않게 되며, 상황에 따라서는 옛날의 '가족 형태'로 다시 돌아가고 싶지 않기 때문에 만남도 피하게 된다. 이 국면에서 형제간의 교류는 흔히 부모에 의해 조직된 가족 행사를 통해 유지된다. 형제가 자신들의 유년 시절의 관계에서 벗어나 노년에 접어들어 자신을 새롭게 발견하고 다시 자신들의 형제와 가까워질 수 있을 때까지는 경우에 따라선 오랜 시간이 필요할 수 있다. 다른 모든 관계들이 해체될 수 있는 곳에서 종국에는 종종 혈연간의 유대만 남게 되고 친척 관계는 다시 복원된다. 그리고 한때 두 배나 나이가 많았던 형이 거의 알아볼 수도 없게 늙었지만, 그는 거인으로 계속 남아 있다.

남자들의 모임, 개들의 모임

당신은 얼마나 많은 친구가 있는가? 결혼 생활이 원만치 않을 경우 당신이 대화를 나눌 수도 있는 남자들이 있는가? 자식을 적게 가지면 가질수록, 그리고 나이가 들수록, 배우자와 유대감을 강화하고 그럼으로써 발생되는 문제들을 상대적인 것으로 보기 위해서 당신은 그만큼 더 많이 가족이 아닌 사람과의 관계에 의지하게 된다. 일반적으로 남자들은 보다 피상적인 성격을 지닌 여자들보다 사회적 네트워크의 범위가 더 좁다. 또한 남자들은 종종 사회적 네트워크의 관리까지도 부인들에게 넘긴다. 이와 관련되어 B씨가 행한 행동은 남자의 전형이 되지 못한다. 축하 파티장으로 향하는 승용차에서 부인은 남편에게 필요한 정보를 말해준다. 예컨대 초대한 주인의 이름이 무엇인지, 아이들이 몇 명 있는지, 그리고 그밖에도 남편이 필요로 하는 기본 정보들을 말해준다. 이 둘은 서신 왕래로 비슷한 성격의 부부를 만나는 것이 드물지 않고, 두 쌍이 만나 남자들끼리는 거의 할 말이 없기 때문에, 여자를 통해 관리된 네트워크가 시간이 흐름에 따라 점점 더 여성 중심으로 변하고, 남자는 그 네트워크를 교묘히 빠져나간다. 58세의 에리히 쉬첸도르프는 이렇게 말한다. "때때로 제 아내와 그녀의 여자 친구들이 이미 단체를 결성한 미래의 과부클럽 같다는 생각이 들었습니다만, 결정적인 전제가 충족될 때까지 동료들과 함께 여전히 기다려야만 합니다."[23] 동창생, 대학 동기, 옛 직장 동료들과의 교류와 같은 남성 모임은 계속 관리되지 않는다면 언젠가는 비록 그 시절로 돌아가고 싶을지라도 결국에는 사라지고 말 것이다.

많은 남자들은 여자들과 보다 잘 소통할 수 있고, 또한 여자와의 대화에서 느낄 수 있는 에로틱한 매력을 선호한다. 그러나 남자와 여자는 제각기 남성적으로 또는 여성적으로 느끼고, 생각하며 소통한다. 이런 사실에 대한 증거가 필요하다면, 신경생물학의 최근 연구결과가 잘 보여줄 것이다. 그 때문에 남자들

23) Schützendorf 2005, 70쪽.

에게는 부인과의 대화와는 달리 남성적인 것을 공유할 대화 파트너가 필요하다. 일생에서 새로운 질문과 주제가 시작되는 50대 초의 남자에게는 비슷한 생활환경에서 살며 진정한 우정을 나눌 수 있는 또래의 남자가 필요하다. 나이가 들어가며 세계가 점점 더 여성화되어가는 곳에서 성 연구가인 존 사피로Joan Shapiro는 다음과 같은 사실을 상기시킨다. “남자의 자기 평가는 일차적으로 다른 남자에 의한 인정에서 나온다.”[24]

‘남성 그룹’이란 말을 접하게 될 경우 당신이 여전히 그 어떤 마약에 취해서 벌거벗은 채 불 주위를 춤추며 남성 의식에 몰입하고 있는 사회교육학자를 생각한다면, 아마 당신은 도처에서 그들과 부딪칠 수 있을 것이다. 그러나 그것이 일상적인 것은 아니다. 남성 그룹은 과거에 존재했고, 현재에도 변화된 형태로 수없이 존재한다. 예컨대, 단골 술집, 골프 클럽, 감사기관, 사우나, 축구장 등에서 남성 그룹은 존재한다. 내가 생각하기에 남성 그룹은 물론 각각 서로 아주 다른 특성들을 지니고 있다. 즉 그 특성은 단순한 사교나 남성단체의 결탁을 넘어서 남자에게 직접적으로 관련된 것을 주제화시킨다.

남성 그룹이 여전히 성숙하지 못하다고 느끼지만 그럼에도 불구하고 새로운 접촉을 시도하고자 하는 사람은 최고의 가능성 중 하나, 즉 개를 한 마리 마련하는 것이다. 이것은 직장 생

24) Shapiro 1992, 112쪽.

활을 끝낸 후에 1년 365일 활동량을 원활히 하고 동물이라는 매체를 통해 다른 사람들과 쉽게 대화를 나누게 해준다. 개는 고독감을 희석시켜주고 항시 곁에 있어 주는 대화 파트너이며 독거노인에게 종종 신체 접촉의 마지막 기회를 제공해준다. 개는 늙은 홀아비에게는 젊은 과부에게 아기가 주는 기능과 같은 중요한 기능을 분명 충족시켜준다. 그 때문에 현재 노년에서 느끼는 동물의 의미도 점차 연구되고 있다.

나를 위해 다른 사람과 함께하며, 나를 위해 다른 사람을 위한다

아직 개를 마련하지 못한 남자에게는 대개 '시민 참여'라 부르는 명예직이 존재한다. 55세에서 69세까지의 남자 중 20% 남짓 그리고 70세에서 85세까지의 남자 중 약 10%가 명예직을 지니고 있다. 물론 노년의 명예직에 관한 연구는 남자들이 사회적 명예직보다 정치적 명예직과 기능적 명예직을 더 선호하고 있다는 사실을 보여주고 있다. 남자들은 성 특수적인 노동 분배의 기본 모형을 계속 유지하고 자신들의 직업 정체성을 최소한 상징적으로나마 간직하려고 노력한다.

시민 참여의 아이디어는 다음과 같은 점에서 노년의 사회적 명예직과 구분된다. 사회적 명예직은 공개적으로 인정되고, 참여의 동기가 순수 인간적인 연민에서가 아니라 불순한 성격을 지니고 있다는 점에서 시민 참여와 구분된다. 예컨대 최우선적으로 나는 나 자신을 위해 무언가를 하고자 한다. 또한 나는 다른 사람에게도 쓸모 있는 무언가를 개최해볼 수 있는 동호인을 찾게 된다. 그리고 나면 이것은 어느 날엔가 내 스스로가 필요하다면, 직접적으로 또는 간접적으로 다시 내게 필요한 것이 될 것이다. 이런 모형에 따라 B씨는 자신의 회화 동호인들을 찾았고, 노인 카페에서 사회적인 접촉을 위해서 다른 사람들을 위해 노력했고 이제 힘겨운 날에도 자신을 분명히 받아들여줄 네트워크를 지니고 있다.

자기가 얼마나 늙었는지 알려면 젊었을 때 만난 사람들의 얼굴을 들여다보라[25]

우리가 아직 덩치가 작은 또는 큰 청소년이었을 때, 우리보다 나이가 든 청소년을 친구라고 소개할 수 있다면 그것은 자랑스러운 일이었다. 즉 우리보다 더 영리하고 강한 누군가를 친구로 소개할 수 있다면, 그리고 비록 겉모습만일지라도 그가 우리와 동일한 눈높이에서 만난다는 사실을 통해, 우리 자신을 약간 나이 들고 성숙하게 만들어준다면 우리는 그 사실을 자랑스러워했다. 우리가 충분히 성장하고 나이가 든 지금에 와서는 반대 현상이 일어난다. "나이를 더 많이 먹은 사람은 아직도 '날씬하고' '강건하다'는 사실을 확신시켜주기 위해서 자기 자신보다도 더 허약하고 왜소한 또래의 사람과 비교하길 좋아한다"고 마이

25) Heinrich Böll.

놀프 페터스는 단언한다.[26] 동년배와 구분하길 좋아하고 그들을 평가절하하며 무엇보다도 그들에게서 노화의 부정적인 특징들을 본다. 우리는 일차적으로 노년의 쇠약함으로 일그러진 일반화된 모습을 지니고 있는데, 이것은 곱게 늙어서 고유의 능력을 침해받지 않은 것으로 생각하고 있는 우리의 자화상과 상반되어 있다. 동시에 나이가 들어감에 따라 나이를 과소평가하는 경향을 지닌다. 70세 노인들은 자신이 느끼는 나이를 대개 평균 12세 정도 젊게 묘사하고 있으며, 따라서 아직 60세도 되지 않았다고 느낀다. 그 때문에 노인들은 흔히 젊은이들과 교류하는 것을 선호한다. 물론 이것은 결코 해결할 수 없는 딜레마로 몰고 가며, 젊은이들이 다시 노인들을 폄하하게끔 한다.

가족 외에 사람들과의 교제는 남성 노인의 경우 절반 정도만 규칙적으로 이루어지고, 그 중 3분의 1이 간혹 이루어지며 4분의 1은 드물거나 거의 이루어지지 않는다. 자신의 사회적 네트워크를 관리하기 위해 노인 카페를 주도하는 B씨의 의도적 참여는 예외적 경우이다. 가족 관계가 단절되면 노인은 홀로 서게 된다. 60세 이상 남자의 약 20%가 홀로 산다. 그러나 이것이 반드시 외로움을 의미하지는 않는다. 늙었다는 것이 외롭다는 것을 의미하진 않는다. 비록 두 개념이 종종 함께 쓰이고 있지만 말이다. 사람들은 외로움을 느끼지 않으며 홀로 살 수 있다. 그러나 어쨌든 60세 이상의 노인 중 약 3분의 1이 외로운 것으

26) Petres 2004, 200쪽.

로 분류된다. 외로움이라는 절박함으로부터 로타르 뵈니슈가 관찰하고 있듯이 하나의 덕성이 만들어질 수 있다. "외부와의 접촉이 적은 노인들도 예를 들어 독서나 라디오 청취, TV 시청에 열심히 몰두하면 만족감을 성취시킬 수 있습니다. 그들은 내면적으로 거리감을 두고 (고령으로 이미 탁월한 인생 체험을 하고 난 후의) '우월한' 해설자나 시대사의 '심판관'으로 우뚝 섭니다. 그래서 그들은 그에 상응하게 남성적이며 지배적인 느낌을 가질 수 있습니다. 이런 맥락에서 사회적인 고립은 본인이 원해서 초래될 수 있습니다. 외부적인 사회생활의 상실과 더불어 외부와의 관계를 단호하게 단절해버리고, 자기 자신을 제어하고 세계를 자기 나름대로 보기 위해서 사회로부터 격리되기를 원하는 늙은 남자들도 있습니다."[27)]

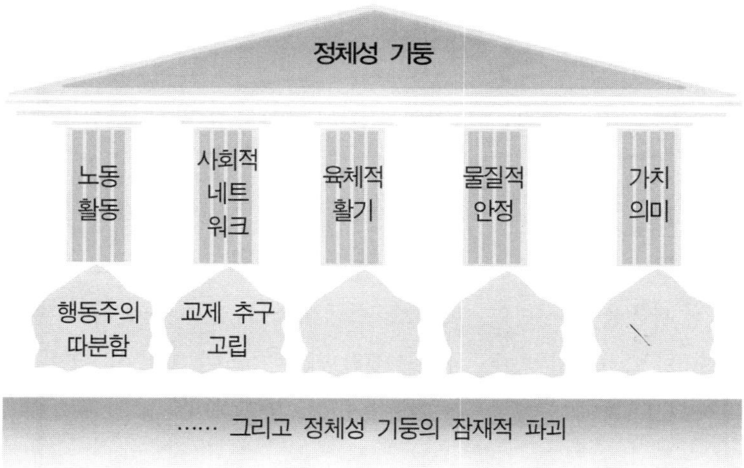

27) Böhnisch 2005, 81쪽.

나이가 들면 들수록 남자에게는 고립의 위험이 커진다. 고립의 위험에서는 남자가 여자보다도 일반적으로 더 위험하다. 혹시 받을 수도 있는 실망과 거절을 피하기 위해서는 생을 살아오는 동안 익숙해져 버린 전형으로서의 겸양은 사회생활과 결부된 시기에는 아마 어느 정도 쓸모가 있을 수도 있을 것이다. 그러나 나이가 들어감에 따라, 즉 고독이 노인을 끝없이 괴롭히고, 동시에 그를 의미 없고 공허하게 보이게 할 경우, 이런 겸양은 재앙으로 변한다.

고립에 대한 두려움은 흔히 정반대의 길, 즉 빈번한 모임 참석이라든지 교제를 과도하게 열망하는 길로 도피하게 만든다. 나는 나 자신을 느끼기 위해, 그리고 내 마음 속의 허전함을 채우기 위해 다른 사람을 필요로 하기 때문에 홀로 있을 수 없다. 다른 사람의 동의, 그들의 웃음, 그들의 반응 등에 나의 기쁨과 슬픔이 좌우된다. 그래서 나는 타인의 마음에 들고 그들의 반향을 끌어오기 위해서는 무엇이든 한다. 나의 가치는 오직 타인에 달려 있다. 일정표는 사회적 사건, 볼링 시합, 시민단체 활동, 그룹 여행 등으로 빼곡하게 채워져 있다. 가벼운 모임에 참여하고, 매일을 축제같이 즐기며, 나이를 영원한 황금시대로 판매하는 즐거움을 과시한다. 때때로 소풍객들이 가는 술집에서 흘러나오는 노인들의 환호, 소동, 쾌활함은 청소년 그룹이 그럴 경우에라도 참지 못했을 정도라고 나는 생각한다.

그밖에도 고독을 물리치기 위해 잡다하게 제공되는 노인 동아리는 고독한 사람과 고립된 사람을 위해 고려되었다. 그러나 이것은 몇몇 개별 남성에게 맞춘 것이기도 하지만, 대부분 여자에게 맞춘 것이고, 남자에게만 적용되는 동아리는 거의 없다. 오늘날 우리 사회에서 남성 노인을 위해 특별히 제공하는 장소가 도대체 어디 있는가? 우리가 외국에서 또는 독일에 거주하는 이주민의 경우 여전히 인지하고 있는 것, 예컨대 외국인 클럽 또는 종교 단체와의 연결 같은 것은 내가 알기로는 독일의 남성 노인들에게는 점점 더 줄어들고 있다.

헤게모니적인 남성성

이 자리에서 한 번 더 정말 다양하기 짝이 없는 남성세계의 파노라마를 상기해보자. 하나의 형태를 지닌 남성성뿐만 아니라 위계적 관계로 서로 얽혀 있는 다른 남성성도 존재한다. 호주의 남성 연구가인 로버트 W. 코넬Robert W. Connell[28]은 여기에 대해 '헤게모니적인 남성성'이라는 개념을 도입했다. 이것은 일종의 남성성으로 여자를 지배하고 경시할 뿐만 아니라 많은 그룹의 남자들도 종속시키고 구석으로 내몬다. 헤게모니는 약자의 측면에서 보면 대부분 피지배자의 동의를 전제로 하는 사회적 우월을 의미한다. 말하자면 구석으로 몰린 남자들은 헤게모니적인 남성성에 대해 안티타입을 구축하며, 자신이 '진정한' 남자가 아니라는 의구심에 빠져 있다. 예컨대 이주민, 장기 실업자, 조

28) 시드니대학 교육학과 교수로 트랜스젠더 출신이다. 여성으로 성전환 후에 래윈 코넬Raewyn Connel이란 이름을 쓰고 있다.(옮긴이주)

기 퇴직자 또는 만성질환 환자 등이 여기에 속한다.

헤게모니적인 남성성의 가장 중요한 특징은 결혼이라는 제도와 밀접하게 결부된 이성애(異性愛)이다. 거기에 비례해서 종속적이며 변방으로 내몰린 남성성의 주요 형태는 동성애이다. 동성애적인 노년의 남자는 이중 또는 삼중으로 구석으로 내몰린다. 그들은 이미 오래전부터 어떠한 '진정한' 남자가 아니었으며, 이제 나이가 그들에게서 완전히 남성성을 빼앗아 가버리며, 또한 남성 동성애 세계에서조차도 그들은 대부분 배제된다. 왜냐하면 여성화 되어가는 늙은 남자는 남성적인 정체성에도 위협을 주고 있기 때문이다. (이것이 나이라는 주제가 남성성에 대한 공식적인 언급에서 제외되는 이유이다.) 수많은 동성애 남성들은 수십 년 동안 형법상의 차별 때문에 인생의 대부분을 자신들의 성 정체성을 공식적으로 표현하지 못하며, 그 때문에 나이가 들면 다른 사람들보다 훨씬 더 고립되고 외로워진다.

이 장의 끝은 슐츠 폰 툰의 가치 사각형의 도움으로 한 번 더 요약해 보도록 하자. 슐츠 폰 툰의 가치 사각형이란, 과장된 교제 추구로 빠지지도 않고 고립으로 떨어지는 것도 아니면서, 한편으로는 사회적 연결 사이의 알맞은 균형, 다른 한편으로는 자기 자신을 위한 시간을 발견하려 한다면 염두에 두어야 할 모델이다. 즉 나이가 들어감에 남자들은 파트너, (혈통)가족, 친구, 이웃, 예전 동료, 동호회 동료, 여가생활 파트너 등으로 연결된 사회적 네트워크를 필요로 한다. 60이 되어서야 비로소 이런 네트워크를 구축하려고 시작한다면 그것은 아마 너무 늦을 것이다.

다음의 질문들은 사회적 관계들이 얼마나 적절한지 보기 위해서 나이에 따라 제기될 수 있다.

- 내 인생에 다른 사람들이 어떤 위치를 지니고 있는가?
- 나는 관계를 잘 유지하기 위해 충분히 투자하고 있는가?
- 관계에서 나에게 비판적인 상대도 있는가?
- 필요한 깊이가 어디에 존재하며, 긴장을 풀어주는 즐거움, 경쾌함, 유희는 어디에 존재하는가?
- 진정한 친구들이 있는가?
- 중요한 순간에 진정으로 의지할 수 있는 사람이 있는가?

그러나 다른 것 또한 학습되고 훈련되어야 하는데, 노년에 영향권이 줄어들고 사회생활의 파트너가 죽어갈 때만이 그런 것은 아니다. 예컨대 혼자 살아가는 법을 터득해야 하고, 고독을 견뎌낼 수 있어야 하고, 적절한 순간에 모임에서 물러나야 하고, 고요함을 즐겨야 하며, 기분 전환을 하지 않고도 자신을 추스를 줄 알아야 한다.

1장에서 낙관적인 전망을 한 후 나는 독자들에게 이제 스위스 출신의 목사이며 시인인 쿠르트 마르티Kurt Marti의 조사(弔辭)를 감히 들려줄 수 있다고 믿는다. 이 조사는 기분을 북돋우어

주지는 않지만 나이를 먹으면서 인생에서 중요한 것이 무엇인지는 보다 명확하게 밝혀줄 것이다.

조사

이 남자를 우리는 애도한다.
그가 죽었기 때문이 아니라
이 남자를 우리는 애도한다.
그가 결코 행복하려고
시도조차 하지 않았기 때문에,

이 남자를 우리는 애도한다.
단지 노동과 의무밖에 모르는
이 남자를 우리는 애도한다.
그에게 요구된 것을
그가 항상 했기 때문에,

이 남자를 우리는 애도한다.
주먹으로 책상을 치지 못했던
이 남자를 우리는 애도한다.
그가 다른 사람의 판단을 무시하지 않고
단순히 자신에게 어울리는 것을 했기 때문에,

이 남자를 우리는 애도한다.

실수 없이 제 역할을 했던
이 남자를 우리는 애도한다.
그가 싸움과 여인을 피했고
오늘날 모든 이로부터 찬양받기 때문에,

이 남자를 우리는 애도한다.
그가 죽었기 때문이 아니라
이 남자를 우리는 애도한다.
그가 우리의 지금 모습이었기 때문에
우리는 스스로를 애도한다.[29)]

29) Kurt Marti, Leichenreden. Mit einem Vorwort von Peter Bichsel. © 2001 Nagel & Kimche im carl Hanser Verlag, München.

3장

더 못하는 것인가 아니면 더 할 필요가 없는가

개화(開花)는 치명적인 사건이다.

나는 동의한다고 선언했다.

나는 살아 있다.

헬무트 하이센뷔텔 Helmut Heißenbüttel

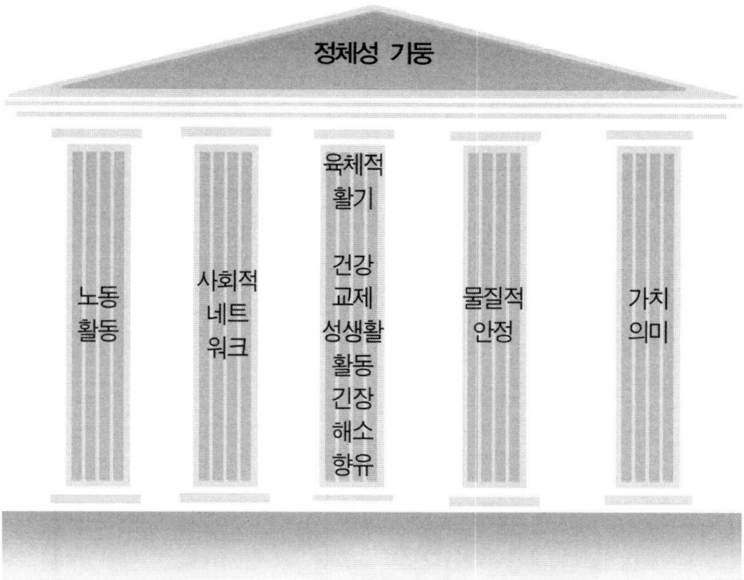

원래 C씨와 단 둘이만 애기하길 원했다. 그러나 79세의 노인은 간병을 필요로 하는 그의 부인이 휠체어에 앉아 있는 멋진 방으로 나를 데려갔다. 그는 우선 눈에 보이게 회의적이다. 사회단체와의 접촉이 성사되었을 때조차도 그는 내가 의료보험회사의 의료 봉사 또는 그와 유사한 단체에서 왔는지 알고 싶어 했다. 그들은 물론 그의 부인의 승급을 거부할 것이고 심지어 현재의 일등급 간병단계에도 의문을 제기할 것이다. C부인은 남편과 동갑이고 3년 전부터 진행성 근육마비에 시달리고 있는데, 생명이 몇 달밖에 남지 않았다. 그녀는 발이 마비되고 말도 거의 못하며, 입을 항상 벌리고 있어 주사기로 주입된 음료를 섭취하고 있어서 이미 남편의 도움에만 전적으로 의지하고 있다. C씨는 밤마다 부인의 몸을 네댓 번 돌려줘야만 하고 그녀에게 음식을 먹여주어야 한다. 매일 한 번은 응급 간호의 지원이 오며, 그녀의 딸이 청소를 하고 집안일을 약간 도와준다. C씨 자신도 10년 전에 뇌출혈로 반신불수가 되었으며 그 여파가 아직도 남아 있다. 그는 작년에 심근경색으로 고생한 적도 있었다.

C씨는 1927년 소도시 소재의 함석 공장이기도 한 가정집에서 태어났다. 그는 이곳에서 현재까지 여전히 살고 있다. 초등학교와 2년에 걸친 도제 수업을 마친 후 16세가 되던 1944년에 직장 생활을 시작했지만, 곧 뵈멘과 메렌에 위치한 전선으로 징집되었다. 그는 폐에 총상을 입은 후 1945년 4월에 군병원으로 후송되었고 다행스럽게 전쟁포로를 면하고 1945년 6월에 귀향했다. 그는 부모의 함석 공장에서 일했고, 1955년에 공장을 물려받았다. 그 후 '십년 동안 빚 청산을 위해 일해야만 했는데', 공장이 실제로 파산 상태였고 아버지가 연금도 받지 않았기 때문이었다. 집달리가 수 년 동안 그들을 따라다녔다. 그는 1950년 결혼해서 3명의 자녀를 두었다. 아내는 가계 살림에 상당히 기여했다. 그녀는 자신의 가게를 운영했고, 저녁 8시부터 새벽까지 부모의 음식점에서 일했다. 그래서 그녀는 수 년 동안 3시간 정도만 잠을 잘 수 있었다. 그들은 아버지가 돌아가시고서야 비로소 성공할 수 있었다고 한다. 새로운 공장이 들어섰고 주문이 밀려왔다. 일요일도 쉬지 않고 일주일 내내 일을 했다. "일에 미쳐 있었다." 휴가는 1년에 기껏해야 이삼일이었다. 최근에야 비로소 그들은 노르트제에서 2주일이라는 그들의 첫 번째 장기 휴가를 누릴 수 있었다. C씨는 63세에 회사를 아들에게 넘겨주었다.

'은퇴 생활'은 건축 프로젝트로 채워졌다. 오래 동안 내버려두었던 집의 증축, 또 다른 집의 지붕 수리, 공사 중인 아들을 도움, 장모 집의 개조 등. 이제 C씨는 3년 전부터 하루 종일 아내를 돌보고 있다. 그의 일상과 밤은 그녀를 간병하는 것으로 채워진다. 그는 그녀에게서 요리를 배웠고, 현재는 청소해줄 사람을 찾고 있다. 그는 가족 중 그 누구도 간병에 개입하길 원치 않는다. 일주일에 한 번 합창단에 나가고, 그 외에는 외부 활동을 하지 않는다.

당신은 늙었느냐라는 나의 질문에 대해 그는 절대 아니라고 답한다. '의식이 분명하지 않아서' 그것이 늙은 것이라고 그는 말한다. 그에 반해 그의 부인은 자기처럼 '아무 것도 할 수 없어서' 늙은 것이라고 주장한다. 그들은 양로원 생활에 대해선 아직 생각하지 않고 있다. 작년에 C씨가 요양소에 있는 동안 부인이 6주 동안 양로원 생활을 경험했지만 말이다. "시간이 빨리 갔으면 한다." 그 자신도 의식이 분명한 상태에서는 양로원으로 가고 싶지 않다고 말한다. 그들은 이미 노인에게 적합한 집에 대해 생각해본 적은 있지만, 재정적인 이유로 단념했다고 한다. 딸이 간병을 하겠다고 자청하지만 그는 거절했고, 물론 약간 모순적이긴 하지만 그녀가 진지하다는 점을 그는 좋게 생각한다. 자식들은 할 일이 많고, 간병은 노부부가 '더 늙어서 더 이상 아무 것도 할 수 없을' 경우에 비로소 간병을 기대한다고 그는 말한다. 나이가 들어가자 예전보다 돈과 시간이 더 많아졌다는 생각 외에 그에게 그렇게 많은 생각이 떠오르지 않는다. 사후(死後) 그에게 무엇이 존재할지? 아무 것도 없어요, 자기는 '그렇게 신앙심이' 있지 않다고 한다. 그는 곰곰이 생각한 후 다음과 같은 말로 자신의 이야기를 끝냈다. "우리는 많은 것을 해냈고, 또한 무언가를 이루었으며 헛된 인생은 아니었습니다."

> 그는 인터뷰가 끝난 뒤 나를 바깥까지 배웅해주었다. 작년에 설치한 엘리베이터를 나에게 보여주면서, '여유가 생기면' 시작하려고 하는 태양열 시설 계획에 대해 이야기했다. 우리는 한 번 더 그의 부인을 위한 양로원에 대해 이야기했으며, 자신이 안 그래도 요즘 양로원에 대해 알아보고 있다는 사실을 넌지시 비추기도 했다. 그녀는 '그가 자신에게 무례하게 대하면', 그곳으로 가고 싶다는 말을 종종 한다는 것이다. 그는 종종 그녀의 손을 움켜쥐며, 자신의 공구 다루는 손이 "산파의 손가락일 수는 없지 않느냐"고 말하고 싶어 한다. 비록 그가 잘 지낸다고 몇 번이고 강조했지만 자꾸만 씁쓸함이 느껴졌다.

우리 모두는 늙어간다. 이미 예전부터 점점 늙어가고 있다. 태어나면서부터 세포가 노화되기 시작하고 성장과 만개라는 비교적 짧은 단계를 거친 후에는 곧 최초의 그리고 간과할 수 없는 노화 분해 과정이 시작된다. 20세에 뇌의 처리 속도는 느려지기 시작한다. 15%의 사람들이 35세에 이르면 머리카락이 빠지는 것을 처음으로 볼 수 있으며, 60세에 이르면 절반의 사람들이 머리카락에 다소 차이는 보이지만 대머리로 보일 수 있다. 40세부터 머리카락의 굵기는 점점 더 줄어드는데, 70세에 이르면 우리가 태어날 때와 비슷할 정도로 가늘어진다. 그리고 30세부터 이미 우리의 귀가 최종적으로 약 10% 더 길게 되는 과정이 시작된다. 근육의 분해도 30세에 시작된다. 80세가 될 때까지 우리는 10킬로그램의 근육 조직을 잃게 되는데, 이것은 약 30%에서 40%에 이르는 근력 손실에 해당한다. 이와는 반대로 지방 부분은 증가한다. 지방은 20세에는 몸의 약 15%를 차지하지만, 60세에 이르면 최소한 2배로 증가한다. 생물학적으로 보면 40세부터 똥배는 지극히 정상적인 것이다. (그리고 최소한 내 생각에는 똥배는 정말 진정으로 포근한 할아버지의 신체 부위에 속한다.)

여자는 늙고, 남자는 성숙한다?

50세에 이미 머리가 완전히 백발이 되는 사람이 있는 반면에, 자신을 좀 더 매력적으로 만드는 백발을 여전히 기다리는 사람도 있다. 여자들이 자신의 '성숙한 피부'를 위한 크림으로 '주름'과 투쟁하고 있는 반면에 ('오래된'이란 단어는 위스키나 그 유사한 것을 제외하고는 광고에 어울리지 않는 단어이다), 우리는 피부에 선명히 드러난 '선들'에 대해 자부심을 가진다. 왜냐하면 그것들은 우리를 한층 더 흥미롭게 만들기 때문이다. 남자의 나이는, 예컨대 '여자는 늙어가고, 남자는 성숙해 간다'라는 속담에서처럼 일반적으로 여자의 나이보다 긍정적으로 평가된다. 여자를 수식하는 말은 비교적 나이와 결부되어 있는 반면, 남자를 수식하는 말은 나이와는 상관없다. 우리를 고통으로 몰기 시작하거나 오래 동안 앓게 되는 통풍에 대해서도 나이를 그 원인으로 장난삼아 강조한다. 그러나 우리가 여전히 할 수 있는 것, 또는 심지어 어떤 것을 젊은이들에게 가르칠 수 있는 곳에서는 아직도 자부심을 가지고 있다.

책에 쓰인 글자들이 점점 더 작다고 느끼게 되는 것은 40대

초반에 벌써 시작된다. 그러나 돋보기는 순전히 고양된 지성을 암시해주는 장식품일 수 있다. 그 다음에는 그룹 대화와 시끄러운 공간들이 힘들어지기 시작하고 젊은이들은 항상 분명하지 않게 말한다. 성인의 약 20%가 청각장애로 진단될 수 있다는 사실에도 불구하고 안경과 비교하여 보청기를 사용하는 단계는 아직 요원하다. 보청기가 안경보다 노인의 특징을 더 두드러지게 보여주기 때문이다.[1] 많은 경우에 전립선도 또한 서서히 신뢰성을 잃어 가는데, 대부분의 남자는 중년기부터 커지기 시작한다. 남성성의 중추 기관은 오줌을 두 줄기로 쏟아내기 시작하며, 우리는 옛날 그리스 남자가 아주 노골적으로 호박씨를 까는 것처럼 준비가 되어 있지 않다. 전립선이나 요실금 문제로 고통을 받은 남자의 절반은 의사를 찾아가 진료를 받을 생각을 결코 하지 않는다. 남자의 경우 전립선암이 가장 흔히 걸리는 암이며, 폐암 다음으로 높은 암 사망 원인일지라도 말이다. 그 때문에 예전의 청원 기도에는 종종 이런 표현이 있다. '위에는 빛을 주시고, 아래에는 새지 않게 하소서!'(Oben Licht und unten dicht!)

---

1) 청각 장애 현상이 얼마나 심각한지 다음 에피소드를 보면 잘 알 수 있다. 한 남편이 병원에 가자는 자신의 충고를 단호히 거절하는 청각 장애 부인을 어떻게 해야 할지 의사에게 물었다. "테스트를 한번 해 보십시오. 10미터, 5미터, 1미터 간격을 두고 말씀하시고, 부인이 언제 반응하는지 살펴보십시오." 남편은 집으로 가서 대문에서 아내에게 말했다. "여보, 오늘은 무얼 먹을 거요?" 답이 없었다. 5미터 떨어진 곳에서 다시 물었다. "여보, 오늘은 무얼 먹을 거요?" 계속 답이 없었다. 결국 아내 바로 뒤에 가서 물었다. "여보, 오늘은 무얼 먹을 거요?" "당신한테 야채 스튜라고 이미 세 번이나 말했어요."

보장 기간은 끝났다

남자가 30세부터 어떻게 내리막으로 가게 되는지 특히 주목할 만하다. 이것은 우리가 30세, 늦어도 40세에 생물학적-진화적 임무, 다시 말해 후손을 생산하는 임무를 완수한 사실과 관련이 있다. 그 뒤 자연과 도태(淘汰)는 더 이상 남자를 필요로 하지 않는 반면, 여자들은 스스로 여전히 할머니로서의 기능을 수행해나간다. 독일의 노인 의학자 한스 차이어Hans Zeier가 이것에 대해 간결하게 말한다. "생물학적 진화는 단지 전반기 삶을 위해서만 우리의 신체 기능을 극대화한다. 이 시기 우리에게는 애프터서비스를 받을 수 있는 보증서가 있다. 육체를 혹사하더라도 계속 살아남을 수 있다. 인간의 육체가 그런 방법으로 튼튼하게 만들어져 있기 때문에 육체는 보장 기간이 끝난 뒤에도 수 년 이상 별 문제없이 기능한다. 그러나 차츰 눈에 보이게 신체 기능은 고장 나기 쉬워진다."[2)]

그리고 이제 성교 능력이 문제가 된다. 의기양양하고 근사한 경사각과 예전의 딱딱함은 이미 오래 전에 정점을 지났고, 성적인 흥분은 진정된다. 50세에 이르면 남성 호르몬이 20세와 비교해 20% 감소한다. 로타 르 뵈니슈와 라인하르트 빈터는 이런 생식력의 소멸을 '남성성의 마지막 정체성 목발'이자, 남자들을 종종 가장 참담하게 만드는 결함으로 표현한다.[3)] 그래서 노(老)

2) Zeier 2005, S.10
3) Böhnisch/Winter 1993, S.171

시인 괴테는 이미 다음과 같이 한탄한 바 있다. "모든 관절이 최상의 상태로 유연했던 시기를 나는 회상한다. 그 시기는 지나가고 모든 관절이 최고로 뻣뻣해진다." 많은 남자들은 젊은 파트너를 아주 좋아한다. 왜냐하면 젊고 싱싱한 파트너를 통해 한편으로는 성 정체성과 매력으로 자신을 확인해볼 수 있으며, 다른 한편으로는 스스로를 보다 젊어 보이게 만들기 때문이다. <프랑크푸르트 알게마이네 차이퉁Frankfurter Allgemeine Zeitung(FAZ)>은 "남자는 부인, 또는 여자 친구와 나이 차이가 많은 것에 중요한 의미를 둔다"고 썼다. 또한 여기서 성 특징적인 차이가 다시 눈에 띈다. 남자를 젊게 만드는 것이 반대로 여자를 늙게 만든다. 남성에게는 사회적으로 승인되는 것이, 여성에게는 '어머니 콤플렉스'로 평가절하 되고 병적인 것으로 된다.

노년의 성, 제2의 언어

아주 미미한 자극에도 어떤 사람에게는 이미 가방에서 칼을 꺼내게 하는 그런 멋있고, 끔찍한 시기에 그것은 무엇이었던가? 다시 말해 어떤 처지에 있어도 할 수 있었던 때, 보다 정확히 말하면, 항시 그것을 위해 준비가 갖추어져 있을 때 말이다. 그러나 동시에 우리는 얼마나 많이 섹스에 사로잡혀 있고, 또 얼마나 많은 좌절을 맛보고 그릇된 희망을 버려야만 했던가? 남자에게 있어 정력의 쇠퇴는 또한 부담에서 벗어나는 것, 새롭게 추가로 획득하는 것일 수도 있다. 오늘날 사우나에서 긴장을 풀고, 곧 차가운 샤워를 하러 갈 필요도 없이 매력적인 여인의 시선을 향유할 수 있다는 것은 너무 멋있는 일이다. 그리고 카우보이가 옛날에 고독하지만 빨랐던 곳에서 그는 이제 보다 느리지만 여성 파트너와 공시적인 결속을 누릴 수 있다.

당신이 섹스에 대해 생각하는 것보다 안경을 찾는 데 시간을 더 많이 소비한다면, 이 사실이 결국 당신이 노인임을 의미하는 것은 아니다. 섹스와 에로틱이 노년에서 사라진다는 것은 널리 알려진 선입견이며, 특히 늙은 누드에 대한 터부에 그 근거를 두고 있다.[4] 그러나 노년의 사랑은 녹슬지 않는다. 물론 성적인 홍미는 감소하지만, 전반적으로 높은 수준에서 유지된다. 60대에서 70대 남자들 중 절반이 섹스를 하고 있으며, 80세 이상의 남자 중 3분의 1이 섹스를 한다. 섹스와 호르몬 상태 사이의 관계는 아직 명확히 설명되지 못하고 있다.

성은 소멸하지는 않지만 변화한다. 마이놀프 페터스는 “성관계에서의 지속성, 그리고 지속적이지 않다고 하더라도 성관계 자체는 남녀 관계의 일부로서 보장될 수 있다”[5]고 학문적 조사 결과를 요약한다. 성교는 에로틱, 애무, 은밀한 행위 등을 위해 감퇴될 수밖에 없다. 파트너 관계에 있는 사람들은 ‘노년의 성이라는 제2의 언어’[6]를 습득해야만 한다. 나이가 들어간다는

4) 물론 나의 관찰에 따르면 이것은 모순인 것처럼 보인다. 즉 많은 사람들이 나이가 들면 들수록 햇빛에서 종종 부끄러움도 없이 상의를 벗고 있는 것을 더 좋아한다는 사실을 나는 발견했다.

5) Peters 2004, 160쪽.

6) Butler/Lewis 1996.

사실을 여러 관점에서 볼 경우 중요한 것은 모든 수단(예컨대 비아그라)을 이용해서 30대의 수준으로 정력을 유지시키려 노력하는 것이 아니라, 자신의 육체와 정신의 변화를 인지하고 수긍하며, 질적으로 새롭고 나이에 적합한 형태로 바꾸어 주는 것이다. 클라우스 되르너는 에로틱, 우정, 카리타스caritas(박애) 등의 방향으로 성을 '적절히 후퇴'시킬 것을 추천한다.

60세 이상 남성의 80%가 기혼자일지라도 노년에 혼자 사는 혹은 상처(喪妻)한 남성들이 어디서 육체적인 애정을 얻을 수 있는가라는 질문이 제기될 수 있을 것이다. 다른 사람의 손을 잡아야만 한다는 사실은 유치원 시절부터 우리에겐 이미 유쾌하지 못한 일이었고, 성장한 후에도 동성 간의 육체적 접촉은 동성애의 의구심으로 내몰리지 않기 위해 대부분 고통스럽게 회피되었다. 누가 늙은 남성을 만지겠는가? 의사들은 대범하게 이와 관련된 처방으로 용기를 주곤 하지만, 이미 언급한 개 외에는 늙은 남성을 만지는 사람은 아마 간혹 미용사라든지 물리치료사 정도일 것이다.

경고! 남성적 성역할이 당신의 건강을 위협한다

사랑하는 남자도 영원히 살지 못한다. 남자의 수명은 오늘날 75세이며, 여자는 대략 81세이다. 60세의 남자는 15년, 여자는 21년을 더 살게 되며, 수명은 점점 더 연장되고 있다. 학문적 논의에서는 비교적 이 중요한 차이점에 관심을 두지 않는다. 남자와 여자의 평균수명 차이는 흡사 어깨를 들먹이듯 무관심으로 받아들여진다. 현재도 여전히 논쟁 중이거나 수많은 원인들로 다양하게 분석될 정도로 그 이유가 최근까지 분명히 밝혀지지 않고 있다. 특히 유전자, 호르몬의 차이, 직업상의 리스크, 스트레스, 남자와 여자가 삶을 극복하는 각기 다른 형태 등이 평균수명을 결정짓는 데 중요한 역할을 담당한다.

연구 결과를 보면 남자는 이미 청소년기부터 나약한 존재이다. 모태에서 그리고 태어난 지 1년 이내에도 남자아이가 더 많이 죽으며, 남자아이는 여자아이보다 거의 모든 질병이나 사망 위험에 훨씬 더 많이 노출되어 있다. 남자는 정신 장애에 더 잘 걸리고 발달 장애도 더 많으며, 자신의 육체를 무감각하고 부주의하게 다룬다. 남자들은 예컨대 흡연, 알코올 오용, 과체중, 너무 움직이지 않거나 지나치게 움직이는 생활을 통해 자신의 육체를 자주 혹사시킨다. 그럼에도 불구하고 그들은 여자들과 비교해서 자신들의 건강상태를 일반적으로 더 좋다고 판단한다. 이것은 남자들이 여자보다 의약품을 덜 요구한다는 사실로도 연결된다. '여자는 약을 구하고 남자는 죽는다.' 의학적인 간병 도구는 남자보다 여자를 위한 것이 훨씬 더 잘 만들어져 있다. 건강 문제를 지닌 남자는 흔히 덜 남성적으로 평가된다. 독일의 의학 사회학자인 엘마르 브렐러Elmar Brähler는 다음과 같이 주장한다. "건강을 염두에 두는 것이 남성성의 결핍을 의미할 정도로 건강은 성별과 아주 밀접한 관계가 있다. 남자의 입장에서 보면 자신의 질병에 대한 암시는 종종 나르시스적인 모욕으로 자각

될 것이다."[7]

스위스의 사회학자 발터 홀슈타인Walter Hollstein은 남자를 "작동해야만 하는 남성성 기계"[8]라 서술하고 있다.

남자의 직장 생활은 평균적으로 여자의 직장 생활보다 더 모험적이다. 남자들은 여자들보다 스트레스를 지혜롭게 극복하지 못하며, 수면도 덜 취하고 건강 상태도 좋지 않다. 이것은 여자들이 남자들과 동일한 직업에 종사하더라도 여자의 평균수명이 줄어들지 않는다는 사실을 통해 입증된다. 예컨대 여자가 이미 오래전부터 당연하게 노동시장에 투입되고 있는 러시아의 통계를 보면, 남자와 여자의 평균수명 차이가 서구보다 훨씬 더 크다는 사실이 드러난다. 남자들은 인간관계에 사회적으로나 정서적으로 거리를 두려는 태도로 일관하기 때문에 건강하지 않은 삶을 영위한다. 하이드룬 브륀델과 클라우스 후렐만은 이런 사실을 다음과 같이 요약하고 있다. "남성다움이란 것은 지극히 모험적인 생활 형태이며, 성취, 엄격함, 절제 등으로 구성되어 있다."[9]

7) Brähler u.a. 2001, 13쪽.
그 때문에 남자에게는 특히 독일 약사들의 입이 가볍다는 사실은 불쾌하기 짝이 없는 일이다. 약을 구입했다는 추문이 번지는 것을 방지하려고 약국에서 우표를 판매한 이래 공개석상에서 더 이상의 고통은 이제 없어졌다.
8) Hollstein 1992.
9) Bründel/Hurrelmann 1999, 126쪽.

유전자나 호르몬 차이가 어떤 역할을 하는지는 여전히 알려지지 않고 있다. 한스 차이어는 여자의 뇌가 작지만, 여자의 작은 신체 크기에 비례해서 평균적으로 남자보다 뇌의 무게가 더 나간다는 점을 강조한다. "포유동물은 일반적으로 수명이 길면 길수록 신체와 비교하여 뇌가 점점 더 커진다."[10] 사냥이나 수집 종족의 후예로서 우리가 물려받은 유산을 밑천으로 폐경기를 지난 여자의 생존은 유전자의 확산을 위한 중요한 진화 생물학적 기여로서 해석될 수 있다. 할머니의 생존은 의미를 지니지만, 할아버지는 불필요한 존재이다. 그러나 수도원에서의 연구 조사는 남자와 여자 사이에 약간의 차이만 있음을 보여주며, 생물학적 원인이 남자의 조기 사망에 거의 영향을 미치지 않는다는 결론에 도달한다.[11]

남자들은 무슨 이유로 아프며 사망에 이르는가? 남자는 여자보다 생명을 위협하는 질병에 잘 걸리고, 여자는 생명과 무관한 가벼운 질병에 잘 걸리지만, 만성적인 고통을 호소한다. 70세 전에 심장이나 순환계통 질병으로 사망하게 되는 남자들의 위험은 여자와 비교해보면 3배나 높다. 여자들보다 훨씬 더 많은 남자들이 (비록 흡연하는 젊은 여자들이 엄청나게 증가하고 있지만) 호흡기 질환과 폐암으로 사망한다. 위나 대장과 관련된 질병도 마찬가지이다. 대부분의 사람들은 노인병으로 죽지 않는다. 노인병 중 예컨대 당뇨병과 같은 것은 소수에게만 나타난다. 수많은 질병이 그 병에 걸린 환자와 함께 늙어간다. 질병의

10) Zeier 2002, 73쪽.
11) Dinkel/Luy 1999.

역사는 종종 평생 동안 펼쳐지기도 한다. 이것은 우리가 노년에 많은 질병들을 운명적으로 받아들여야 한다는 것이 아니라, 예방적으로 질병을 이겨내는 무언가를 할 수 있다는 것을 의미한다.

당신에게 불행의 날이 오면

남자들은 자신의 건강을 주관적으로 항상 과대평가하는 경향이 있는데, 이것은 노년에 접어들면 한층 더 심해진다. 80에서 90세 남자의 30%가 자신의 건강 상태를 '아주 좋다', 30%가 '좋다'로 평가한다. 노년의 건재함은 질병이 없는 것이 아니라, 상대적인 건강이다. '50세에 몸 어느 곳도 불편하지 않은 사람은 이미 죽은 사람이다'라는 속담처럼, 우리는 우리가 겪고 있는 질병과 고통을 우리의 동년배와 비교하며, 건강이 여전히 좋음을 감사해야 한다. 그래서 C씨는 뇌졸중이나 심근경색에도 불구하고 자신이 보살펴야 하는 배우자와 비교해서 항상 건강하다고 생각한다. 오늘날 70세의 건강 상태는 평균적으로 30년 전 65세의 건강상태와 일치한다. 이것은 직장생활을 그만둔 후 세 번째 연령대에 접어드는 시기이며, 노쇠함과 의존으로 지탱하는 네 번째 연령대의 전조가 내 몸을 두드릴 때까지 아직 많은 세월이 남아 있는 것이다. 대부분의 사람들은 80세가 넘어 그 어떤 시기에 이 문지방을 넘어서게 되고 성경이 알레고리적으로 묘사한 것과 같은 '곤고한 날'에 직면하게 된다.

> 너는 청년의 때에 너의 창조주를 기억하라 곧 곤고한 날이 이르기 전에, 나는 아무 낙이 없다고 할 해들이 가깝기 전에
>
> 해와 빛과 달과 별들이 어둡기 전에, 비 뒤에 구름이 다시 일어나기 전에 그리하라.
>
> 그런 날에는 집을 지키는 자들이 떨 것이며[팔] 힘 있는 자들이 구부러질 것이며[다리] 맷돌질 하는 자들이 적으므로[치아] 그칠 것이며
>
> 창들로 내다 보는 자가 어두워질 것이며 길거리 문들이 닫혀질 것이며[눈] 맷돌 소리가 적어질 것이며[귀] 새의 소리로 말미암아 일어날 것이며 음악하는 여자들은 다 쇠하여질 것이며[목소리]
>
> 또한 그런 자들은 높은 곳을 두려워할 것이며 길에서는 놀랄 것이며[보행], 살구나무가 꽃이 필 것이며[머리카락이 세어진다] 메뚜기도 짐이 될 것이며[자세] 정욕이 그치리니[피부] 이는 사람이 자기의 영원한 집으로 돌아가고 조문객들이 거리로 왕래하게 됨이니라.
>
> 은 줄이 풀리고 금 그릇이 깨지고 항아리가 샘 곁에서 깨지고 바퀴가 우물 위에서 깨지고
>
> 흙은 여전히 땅으로 돌아가고 영은 그것을 주신 하나님께로 돌아가기 전에 기억하라.
>
> (<전도서> 12장, 1～7절)

이탈리아의 사상가 노르베르토 보비오Norberto Bobbio가 '고령의 불쾌함을 숨기는 데' 기여하는 '즐거운' 노인학을 비판하고 있다면 바로 이런 네 번째 나이를 생각하고 있는 것이다. "만약 내가 어느 시대를 망라하고 널리 퍼져 있는 노년에 대한 찬사를 읽는다면 에라스무스Erasmus의 격언을 다음과 같이 변화시켜

말하고 싶다. '노년에 찬사를 보내는 사람은 자기 얼굴을 아직 보지 못한 것이다.'"[12]

비록 85세 이상 남자의 80%가 도움 없이 몸을 잘 가눌 수 있을지라도, 간병이 필요해진다는 것은 늦어도 간병 보험이 도입된 이래로 우리 모두에게 적용될 수 있는 일반적으로 인정된 생의 마지막 단계를 의미한다. 간병에는 남자들의 정체성을 극도로 위협하는 고정과 의존이라는 두 가지 제한이 내포되어 있다. 우리 사회처럼 유동성이 높은 가치를 지니고, 움직임과 역동성이 중시되는 곳에서는 고정과 정지 상태는 거의 죽음과 같은 의미이다. 우리는 어린 시절부터 독립을 위해 엄청난 노력을 기울였다. 어머니의 보살핌으로부터 한 걸음 한 걸음 멀어질 때마다 우리는 자부심을 느꼈다. 독립은 절대시되었고 성인이 되는 것과 동일시되었다. 독립과 조절의 상실은 성인이 되지 못함을 의미하고, 핵심적인 남성 정체성의 상실을 의미한다.

대부분의 남자들의 조기 사회화는 여자가 지배하는 여성 세계에서 일어났다. 초등학교 시절 내내 소년의 일상은 어머니, 유치원 여선생님, 초등학교 여학생 등을 통해 결정된다. 이 모든 영역에서 남자들은 존재하지 않거나 미미한 존재로 그친다. 오늘날 늙은 남자의 경우는 그 경향이 젊은 남자의 경우보다 훨씬 더 심하다. 소년의 성 정체성은 특히 반대되는 성, 삶에서

12) Bobbio 1998, 54쪽.

최초로 만나는 사람, 즉 어머니라는 경계를 통해 규정된다. 그래서 미국의 여성학자인 캐럴 헤지먼 화이트Carol Hagemann- White는 남성성이 '우회-정체성'을 통해 남자에게 전달된다고 말한다. 소년은 자신과 가장 가까이 있는 인물, 즉 어머니가 될 수는 없다. 그녀가 여자이기 때문에, 즉 남자가 아니기 때문이다. 여자가 되지 않는 것이 소년의 중심 과제이다.[13] 그가 이제 노년에 이르면 이런 문제가 다시 찾아온다. 독일의 작가이자 사회학자인 라이너 노이츨링Rainer Neutzling은 이런 추락을 "늙어서 간병을 필요로 하는 남자가 어린 시절 보호받았던 여성의 세계로 돌아간다"고 서술하고 있다. 남자는 노력을 통해 소년일 때 이 세계를 빠져나왔고, 자신의 정체성을 여성 세계와 경계를 그으며 발전시켰지만, 이제 다시 남자로 되돌아올 수 없을 존재로 환원되는 것이다.[14] 그 때문에 간병이 필요하게 되는 것은 일반적으로 죽음보다 더 두려운 것이며 흔히 그 이상으로 터부시된다. 놀라울 정도로 많은 수의 노인들은 자신들이 간병을 필요로 할 수도 있다는 생각을 결코 하지 않는다.

그 외에도 다른 사람들의 간병과 부양에 의존한다는 사실은 우리 모두에게 너무나 중요한 상호성의 원칙을 해결할 수 없고 거의 견딜 수 없는 상황으로 가져가고 있음을 의미한다. 우리는 그 언젠가는 비교될 수 있는 것으로 보답하거나 돈으로 지불할 수 있을 경우에만 좋은 감정을 가지고 지속적으로 받아들일 수

13) Hagemann-White 1984, 91쪽.
14) Neutzling 2003, 37쪽.

있다. 우리가 생일 선물에 대해 대략 같은 값어치의 선물로 보답하고, 3권짜리 양장본에 대한 보답으로 문고판 책을 주는 데 대해 부끄러워 견디기 힘들어하는 것과 마찬가지로 간병의 경우에도 그렇다. 야노슈의 병든 어린 호랑이가 자신을 돌봐주는 어린 곰에게 내년에는 네가 아파도 된다고 말하는[15] 것처럼, 우리는 그때그때 동일한 것을 보상해준다는 희망도 없이 평생 동안 간병을 받을 수는 없다. 고전적인 역할 개념을 지닌 남자들에게 이것은 한층 더 감당하기 어려울 수 있지만, 그들은 부양에 관한 한 결혼 생활 동안 이미 내내 받는 사람이었다. 그 때문에 예컨대 C씨의 경우와 같이 부인이 아파서 간병을 필요로 하는 경우 남성 배우자에게는 훨씬 나은 상황임이 연구를 통해 입증되고 있다. 우리는 아주 일찍 '독립'이라는 이상을 버리고 의존을 삶의 자명한 일부로서 수용하는 것을 배워야 한다. 정말이지 어떤 남자도 실제로 독립적으로 살지는 못한다. '독립'이라는 것은 신화이다.

남자들이여, 간병을 적극적으로 받아들여라!

비록 결혼 생활에서 남자의 나이가 더 많고 남자가 여자보다 평균수명도 짧기 때문에 아내를 간병해야 할 가능성이 비교적 적을지라도, 능동적인 간병은 우선 겉보기에도 아주 중요한 남성 문제의 주제이다. 그러나 주요 간병 인물만을 헤아려볼 경우

15) 『내가 너를 튼튼하게 해주겠어! 라고 곰이 말했다』는 어린이, 성인, 노인 등의 간호에 대한 친절하고 대안 제시적인 학습서이다.

집안에서 간병하는 남성의 몫은 단지 27%에 그친다. 그 때문에 종종 여자만이 간병을 하는 사람 혹은 '간병을 할 능력이 있는 사람'[16]으로 여겨지며, 간병을 하는 남자들을 무시할 수 있는 소수로 간과해버린다. 그러나 주요 간병인뿐만 아니라 집안의 간병에 관여하는 사람들을 고려한다면 남자의 비율은 거의 40%까지 올라간다. 가계 간병에 참여하는 사람의 5분의 2가 남자들이다. 따라서 간병은 이미 오래전에 남자의 일이 되었다.

남자들이 여자보다 간병을 통해 훨씬 더 호전될 수 있다는 사실을 말해주는 연구들이 많다. 독일의 여성 사회학자인 페트라 람브레히트Petra Lambrecht와 마렌 브락커Maren Bracker는 남자와 여자의 간병에 대해 연구했는데, 상황에 따른 간병 이해에 대해 남자와 여자의 흥미 있는 대조표를 작성했다.

남자와 여자의 간병 이해 비교[17]

여자	남자
간병을 떠맡는 것이 과제로서 내면화되고, 사회적으로 기대되며 그 때문에 거의 성찰되지 않을 수 있다.	간병을 떠맡는 것이 과제로 내면화되어 있지 않으며, 기대되지도 않으며 그 때문에 성찰될 수 있다.
간병의 거부는 어렵게만 이루어질 수 있고, 내면적으로는 거의 생각할 수도 없고, 사회적으로도 수용되지 않는다.	간병의 거부가 이루어질 수 있으며 사회적으로 수용된다.
인수된 간병 임무가 알려져 있다.	임무는 흔히 새롭다.

16) 공식 통계의 결과는 놀라울 정도로 시대착오적이다. 즉 45세에서 60세 사이의 직업이 없는 여자만이 여전히 '잠재적으로 비공식적인 간병인'에 속한다는 것이다.

17) Lembrecht/Bracker 1992, 112쪽을 약간 변형시켰다.

능력의 자기 이해를 근거로 자신들에게 어떤 인정도 해주지 않는다.	그들은 자신들의 간병 능력에 대해 찬사와 인정을 받는다.
간병은 모든 임무 영역에서 그들의 지배하에 있다.	그들은 몇몇 고유의 임무를 인수하지, 모든 것을 인수하지는 않는다.
임무의 위임은 윤리적 통념의 지배를 받는다. 부담을 덜어 주는 것이 어렵다.	임무의 위임, 부담을 덜어주는 것이 가능하다.
단지 적은 도움만 받아들이며, 그 수용이 그들에게는 힘들다.	그들은 포괄적인 도움을 얻는데, 그 수용이 그들에게는 문제가 되지 않는다.
그들은 적당한 간병과 부담스런 간병 사이에 거의 경계를 두지 않는다.	그들은 스스로 경계를 긋는다.
자기 고유의 흥미를 유지하는 것이 아주 어렵다.	그들은 집 외부의 접촉과 자기 고유의 관심을 인지할 수 있다.

남자들은 여자들보다 단념을 더 잘하며, 간병에 대한 사회적 가치를 덜 요구하고, 자신들의 부담 한계를 조기에 설정하고, 그 때문에 중병의 간병을 받는 경우가 드물며 병원이 아닌 집에 머무는 결정을 보다 빨리 내린다. 남자들은 간병을 노동으로 간주하는 경향을 지닌다. 간병의 경우 남자들은 '누구를 위해 돌보아주는 것'이라는 실용적 측면에서 '자기 자신을 돌보는 것'과 관련된 부분을 정신적으로 구분 지을 수 있다.

(때로 애들을 키우는 것처럼) 여자들이 하는 데는 군말 없이 그리고 당연하게 여겨지는 일을 남자들이 하게 되면 그들은 다시 칭찬과 인정을 받게 된다. 이런 사실에 대해 남자 혹은 특히 여자들이 화를 낼 수도 있지만, 간병하는 남자와 간병을 하는 그들의 방법이 가시적으로 드러날 수 있도록 해주어야 한다. 이

것이 어떤 훌륭한 간병 광고 캠페인보다 간병에 관여하고 있는 다른 남자들을 더 고무시킬 수 있으며, 간병하는 여자들에게 진심으로 간병을 허용할 수 있게 한다. 왜냐하면 최악의 경우 폭력 사용에까지 이를 수도 있는 극단적인 상황으로 빠지지 않고 간병을 오랜 시간 동안 홀로 하기가 매우 어렵기 때문이다.

부모들의 성공적인 간병은 노인 심리학자인 옌스 브루더Jens Bruder가 서술했듯이, '친자'나 '양친' 관계의 성숙을 전제로 한다. 늦어도 40대에는 부모와의 관계가 개선되고, 어린 시절의 관계와는 궁극적으로 결별해야 한다. 내가 인생에서 실패했던 일에 대한 책임을 전가시킬 수 있었던 아주 높은 위치의 아버지로부터 보상은 이제 동일한 수준으로 이루어지고, 그 궁핍을 나는 또한 언젠가 수용할 수 있다. 부모도 마찬가지로 다시 거기에 부합하는 내적인 발전을 체험해야만 한다. 이런 바탕 위에서 간병하는 경우 부모에 대한 아무런 죄의식 없이 경계를 긋는 긍정적인 애정이 가능하다.

늙은 부모를 간병하게 되면 아들은 바로 아버지나 어머니와 새로운 관계를 체험할 수 있게 되며, 남을 보살필 수 있는 자신들의 숨은 능력을 계발할 수 있다. 간병하는 아들들은 예컨대 말을 더 이상 하지 못하는, 간병인을 필요로 하는 중병의 어머니와 함께 또 다른 육체적 의사소통이나 관계의 차원을 열어갈 수 있다고 한다. 어머니와 아들 사이에서 언어라는 익숙한 영역에서는 생각할 수조차 없었던 해결책이 가능할 것이다.

주저앉아 쉬면 녹슬리라

우리는 노쇠함과 간병을 피할 수는 없지만, 언제라도 건강과 건강 유지를 위해 무언가를 할 수 있다. 충분한 운동과 스포츠 활동이 노화 진행을 늦추는 데 도움을 주며 근력을 강화시키고 많은 질병을 예방하고 새로운 세포의 생성을 촉진시켜주며 그럼으로써 정신적인 쇠퇴 과정조차도 늦추어준다는 사실을 분명하게 증명해주는 연구들이 그 동안 많이 발표되었다. 남자들은 어떤 연령대라도 대개 스포츠에 열광하며, 심지어는 능동적이건 수동적이건 절박하게 스포츠를 필요로 하기도 한다. 왜냐하면 대부분의 남자들은 자신들의 육체를 원기왕성하게 체험하길 원하며, 이것이 바로 남자의 정체성에 속하며, 여자와 남자를 구분하는 상징이기 때문이다. 바로 그 때문에 스포츠는 나이가 들어 육체적 정체성이 문제가 될 때, 그 중요성이 증가될 수 있다. 노년에 찾아오는 정말이지 대부분 이미 오래 전부터 우리의 동반자였던 거의 모든 질병에 대한 의료적인 예방 추천은 단순하고 거의 항상 동일하다. 즉 균형 잡히고 건강한 영양 섭취, 이성적인 육체 활동, 적은 스트레스, 충분한 수면, 적절한 주량, 담배나 중독물의 금지, 간단히 말해서 완벽한 남자를 만드는 모든 것이 금지되어 있다.[18] 또는 17세기에 살았던 프랑수아 로셰푸코Francois Rochefoucauld는 이미 다음과 같이 한탄하고 있다. “나

18) 그런데 당신은 어떻게 하면 그렇게 간단히 늙게 보이게 되는지 알고 있나요? / 저는 매일 60개비의 담배를 피우고, 두세 병의 포도주를 마시며, 기름진 음식만 먹고 운동을 하지 않습니다. / 연세가 어떻게 되십니까? / 29세입니다.

이는 무기징역으로 젊은 날의 모든 즐거움을 금지시키는 폭군이다."

활동에 대한 재미와, 예전에 그렇게 무자비하게 사용해서, 이제는 보다 신중하게 다루어져야 하고 그만큼 더 귀중한 동료가 될 수 있는 육체적 즐거움은 물론 육체 숭배로 변질될 수도 있다. 헬스클럽은 육체의 힘과 똑바른 보행을 유지하는 데 도움을 줄 수 있지만, 나이를 먹어가는 남자들이 어떻게 하든 자신의 젊음과 매력을 보존하기 위해 자신들의 자연스런 감퇴, 육체가 약해지고 축 늘어지는 현상과 끈질기게 투쟁하는 냉혹한 고문실일 수도 있다. 젊은 시절에 일반적으로 몇몇 소수의 이국적이기까지 한 올림픽 참가자의 전유물이었던 마라톤이 오늘날에는 70년대의 국민체조처럼 일상적이고 널리 유포된 운동이 되었다. 50세 이상의 남자들도 물론 젊은이들과 함께 마라톤을 즐기며, 아직 폐물에는 결단코 속하지 않는다.

그러나 마치 나이나 죽음으로부터 도피하려는 듯한 인상을 주는 사람들도 존재한다. 그러나 아마 그것은 죽음이 아니라, 아내일 것이다. 남자는 아내에게서 도피하여 헬스클럽에서 평안을 찾으며, 그녀의 (의사소통적인) 요구에 적법한 알리바이를 찾는다. 독일의 작가 게르하르트 쾨프Gerhard Köpf의 작품에서 노주인은 이렇게 투덜거린다.

"우리 나이의 남자들은 젊은 여자에게 좋은 인상을 주기 위해 인라인 스케이트를 탄 채 야구 모자를 거꾸로 쓰고 꽉 끼는 반바지를 입는다. 그러나 모든 관절에 보호대를 차고 주머니에는 정형외과 의사의 핸드폰 번호를 넣고 있다. 나는 탄넨베르크 전투를 앞두고 있는 힌덴부르크[19]와 같이 헬멧을 쓴 채, 사이클을 타고 있는 노인들을 주시한다."[20] 그리고 나는 힘이 펄펄 넘치는 노인이 음란한 행위도 할 수 있다고 생각한다. 독일의 보건 교육학자인 요아힘 케딩Joachim Keding은 이런 남자들을, 청춘의 신화에 사로잡혀서 몸을 단련하고 결국 보다 나이 어린 사람들에게 늙어감에 대한 기쁨을 앗아가는 '살아 있는 경고 기념물'이라 명명한다.[21] 여기서 우리는 아래 보기에서 보듯이 삶의 기쁨을 만끽하고 있는 물라Mullah[22]처럼 삶을 쉽게 생각할 수도 있을 것이다.

세 명의 절친한 노인들이 앉아서 청년시절의 즐거움과 노년의 부담에 대해 이야기하고 있었다. 한 명이 한탄했다. "아, 관절이 내가 원하는 대로 더 이상 움직여주질 않아. 옛날에는 그레이하운드처럼 달렸는데, 이제는 내 다리가 한쪽 발이 다른 쪽 발 앞으로 더 이상 나아갈 수 없을 정도로 말을 듣지 않는구나." "자네 말이 맞네." 두 번째 노인이 동의했다. "청년 시절의 힘이 사막의 물처럼 새어 없어진다는 느낌이 들어. 시대는 변했고, 시간의 연자방아 사이에서 우리도 변했어." 다른 두 친구들과 비교해 결코 덜 노쇠해 보이지는 않는 세 번째 노인이 머리를 흔들었다.

19) 1차대전 당시 독일군의 총사령관.(옮긴이주)
20) Köpf 2005.
21) Keding 2002a.
22) Mullah는 회교의 법률, 종교학자에 대한 경칭이다.(옮긴이주)

"여보게들, 자네들을 이해하지 못하겠군. 자네들이 한탄하는 그 모든 것이 내게는 생소하네. 나는 40년 전과 똑같이 강건하네." 다른 두 명의 노인은 그의 말을 믿으려 하지 않았다. "그렇다니깐!" 세 번째 노인이 흥분하여 말했다. "거기에 대한 증거를 어제서야 비로소 손에 넣었네. 내 집 침실에는 애초부터 이미 떡갈나무로 만든 육중한 장롱이 하나 있네. 나는 40년 전에 이 장롱을 들려고 했었네. 자네들, 무슨 일이 있어났는지 믿을 수 있겠나? 나는 그 장롱을 들 수가 없었지. 그런데 그 장롱을 들어야 한다는 생각이 어제 문득 떠올랐어. 나는 온 힘을 다해 시도했지만, 역시 들 수 없었어. 이로써 하나는 분명 입증되었네. 나는 40년 전과 똑같은 힘을 지니고 있네."[23)]

올라가려 하지 말고 넓혀라

'안티 에이징'은 육체적인 것의 절대화를 표현하는 현재의 유행어이다. 이중 부정어 표현으로서 불합리와 혐오감을 이미 내포하고 있으며, 단어 자체적으로도 모순적인 개념이다. 안티 에이징은 '영원한 삶'이라는 태곳적부터 내려온 인간의 꿈에 대한 현대적 버전이다. (예컨대 구약 성경에서 이미 접하는) '젊음의 샘물'에 대한 전설에 충실하면서 유전자 기술과 생의학 분야의 최근 지식을 끌어들이면, 최상의 건강 상태에서 생의 종말이 보장되고 있을 뿐만 아니라, 120세 또는 심지어 150세까지 생명이 연장된다. 노인학의 한 콘셉트인 '성공적인 고령화'라는 개

23) Nossrat Peseschkian. 출처: ≪상인과 앵무새*Der Kaufmann und der Papagei*≫. © Fischer Taschenbuch Verlag GmbH. Frankfurt am Main 1979.

념 또한 결국 마치 우리가 죽음을 '성공적으로' 극복하기 위하여 많이 노력해야만 하는 것처럼 들린다. 정확히 관찰해보면 안티 에이징 시장은 거대한 의료품 시장이다. 거기서 우리는 소비력이 충분한 세대에게 플라세보(위약)에서 예컨대 호르몬 치료제 같은 의심스럽고 유독한 수단에 이르기까지 영원한 생명을 판매하려고 한다. 누군가가 이런 공격적인 시장 사건을 '노년 건강 테러'라고 적절히 표현한 적이 있다.

육체 숭배가 절대화되고 그와 유사한 덕성인 요양, 명상, 여유, 끝으로 노령에 대한 긍정 등이 전혀 인정되지 않는다면 남자는 다람쥐 쳇바퀴 돌듯이 계속 돌게 될 것이다. 고령이나 쇠퇴에 대한 공포는 처음부터 이길 수 없는 경주, 목표점에서 추락할 수밖에 없는 경주로 이끌고 있다. 자신의 부정적인 화신인 다른 노인과의 대질이 가혹하면 할수록 우리는 그 대질을 몰아내려고 그만큼 더 노력하게 된다. 도대체 신성화된 정체성 기둥으로서의 내 육체가 붕괴된다면 어떤 발판이나 의미가 내게 남게 되는가?

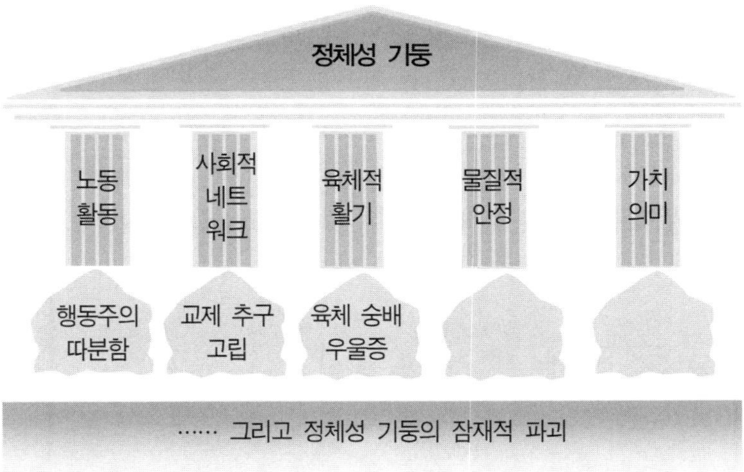

육체에 대한 과대평가는 질병으로도 이어질 수 있다. 육체 숭배와 안티 에이징은 노화로 인한 쇠약에 대한 두려움을 먹고 살며, 결국 정반대인 우울증과 별반 차이가 없다. 그렇게 되면 육체에 대한 불안한 관찰과 도를 넘은 주제화가 도처에서 전면으로 부상하며, 삶에서 중요한 다른 모든 주제들이 이면으로 물러선다. 독일의 언론인 요하네스 그로스Johannes Groß는 만약 어떤 사람이 "자신의 삶보다 자신의 생명 연장에 더 많이 주목하게 되면, 묘지로 가는 길을 세심하게 돌보려 하지 않는 그의 친구들에게는 번거로워지기 시작한다"라고 경고한다. 육체와 육체 돌봄이 생활의 중심이 되며, 그 외 다른 모든 것은 의미 없는 것이 되어버린다. 안티 에이징 추종자의 (하이퍼) 능동성은 우울증 환자의 경우 수동성과 같은 것이다. 어떤 사람이 자신의 불굴의 청년 시절을 근거로 여전히 어디서나 함께 할 수 있고 함께해야만 하는 지점에서, 다른 사람은 노년의 노쇠함을 이유로 조용하게 있거나 무기력할 수밖에 없다. 질병은 의미로 충만한 노년의 능동적 구성물에 대한 변명과 도피가 되며, 은거와 수동성을 합법화한다. 정체성의 다른 기둥들이 부서진다 해도, 마지막까지 여전히 육체는 점점 더 큰 공간을 차지하고 있는 신호와 욕구들을 지닌 채 남게 된다.

육체를 다루는 또 하나의 방식

끝으로 육체의 정체성 기둥에서 중요한 두 가지 유사한 덕목을 한 번 더 살펴보자. 나이로 인한 한계에도 불구하고 육체적 즐거움에 대한 그칠 줄 모르는 추구에는 삶의 생리학적 법칙을 수용하는 나이에 대한 긍정이 첨부되어야 한다. 더 이상 할 수 없다라는 사실은 우선 고통스러운 일이지만, 부정적인 면만큼이나 긍정적인 측면도 가지고 있다. 즉 이제 나는 너무 늙어서 더 이상 무언가를 할 필요가 없다는 것이다. 남성적인 경쟁 놀이에서 하차할 수 있고, 등받이 의자에 기분 좋게 앉아, 어린애들이 끊임없이 다투는 모습을 즐기며 감상할 수 있다. 일정한 나이를 넘어서면 이런 권리가 허용된다. 계속 일하는 것이 한편으로 특이한 일이 되고 동시에 80세의 마라톤 주자는 그와 반대 의미에서 부적당한 것으로 여겨진다. 그래서 다음과 같은 역설이 가능하다. 즉 육체적 한계가 바로 새로운 노후의 자유를 가져다줄 수 있다는 것이다.

그리고 마음에 들게 작동해야만 하는 기계보다도 육체를 더 멀리한 시기에 육체는 노화과정에서 여태까지 알려지지 않은 사랑스런 애정으로 우리를 타락의 길로 유인할 수 있다. 수리에 대해 느끼는 부담스런 심성 대신에 미국의 철학자이자 작가인 로버트 메이너드 피어시그Robert Maynard Pirsig의 ≪선(禪)과 모터사이클 관리술*Zen und die Kunst, ein Motorrad zu warten*≫이라는 고대의 숭배 의식을 다룬 서적에서 나온 정신을 우리와 우리의 육체에 옮기기 시작한다.

나이 든 우리의 육체, 예컨대 마인놀프 페터스가 명명한 바도 있는 '그 불안전한 동료'가 노년에 새로운 파트너가 된다.

다른 모든 정체성의 기둥과 마찬가지로 몸의 기둥도 노년에 이르러 비로소 주의할 것이 아니라, 평생 동안 세심한 관심을 요구한다. 여기서 스스로 자문해볼 수 있는 질문은 다음과 같다.

- 우리는 정체성의 중앙에 있는 우리의 몸을 어떻게 다루고 있는가?
- 우리는 우리의 육체적 욕구들을 어떻게 의식적으로 또는 무의식적으로 주시하는가, 그리고 우리의 육체적 욕구들을 어떻게 유지하면서 또는 파괴하면서 주시하는가?
- 영양 섭취는 어떤 가치를 지니고 있는가? 섭취의 즐거움은 어디에 위치하고 있는가?
- 긴장 해소와 수면에 비교하여 활동과 능동성이 균형을 이루고 있는가?

- 내가 나의 육체에 필요한 애정과 돌봄을 주는가, 필요한 배려와 어울리는가?
- 나는 내 소망에 따라 스킨십, 애무, 섹스 등을 하며 살 수 있는가?

4장

세대 간 계약 또는 세대 간 사기?

20세에 아름답지 못한 사람,
30세에 강하지 못한 사람,
40세에 영리하지 못한 사람,
50세에 부유하지 못한 사람,
그런 사람은 그 후에도
무언가를 기대할 수가 없다.
마르틴 루터 Martin Luther

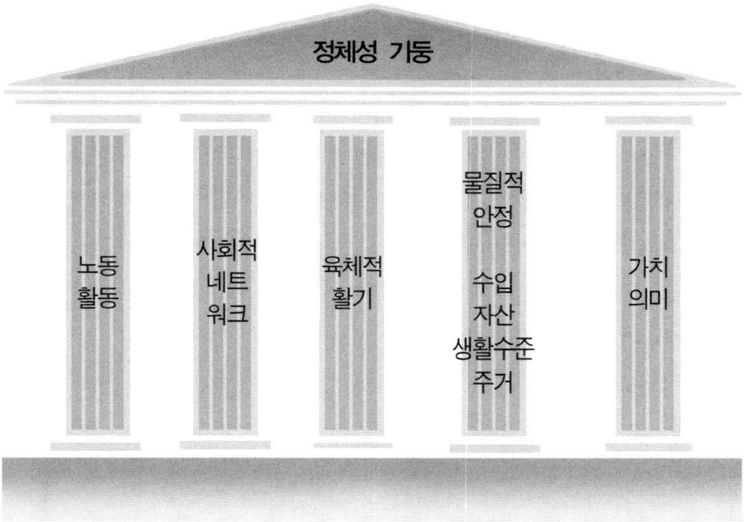

70세인 D씨는 작고, 약간 불쾌하고 담배 연기 자욱한 도시의 두 칸짜리 집에 거주한다. 그는 3주 전부터 아프며, 더 이상 청소도 할 수 없다. 그는 자신의 집 상태에 대해 미안해했다. 몇 개의 유리잔과 책들로 정렬된 고전적 장식장, 오르간, 은제 말 장기판, 말 그림 몇 점 등이 조그만 거실을 장식하고 있었다. D씨는 작고 강건해 보이는 70세 노인이다. 그는 배가 많이 나왔으며, 눈가에 주름살이 있는 친근한 얼굴을 하고 있으며 걷는 게 힘들어 보였다. 이미 오래 전에 인공 고관절이 필요했다고 하며, 그 어떤 바이러스가 자신의 몸무게를 10킬로그램 빠지게 했다고 한다. 그의 슐레지엔 지방 악센트는 간간이 경우에 따라 슈바벤식 표현에 의해 흐려졌다.

1936년 동프로이센에서 태어난 D씨는 독자로서 시골에서 자랐다. 그의 부모는 소위 '현물 급여'를 받았는데, 농장에서 자급자로서 일했고 대부분 농산물로 노임을 받았다. D씨는 자신의 생부를 모른다. 그의 계부는 러시아에서 전사했다. 1943년 그의 어머니는 그와 할머니를 데리고 서방으로 도피했다. 그들은 러시아 전선을 통과해 갔는데, 그는 10세 소년으로서 4주 동안 전선 한가운데 머물기도 했다. 거기서 그는 너무나 잔혹한 광경을 목격했다. 그는 마침내 오스트제에 도착했으며, 거기서 1950년까지 학교에 다녔다. 그 후 바다로 가는 자신의 꿈을 실현시키기 위해 식당 종업원 도제 수업을 받았으며, 여객 안내원으로서 한 번 지중해를 건너기도 했다.

1953년 대규모 피난민-이주 행렬에서 그의 어머니는 독자인 자신을 데리고 남독으로 향했다. 그 당시에는 요식업에 일자리가 거의 나지 않았기 때문에 D씨는 남부 독일에서 여러 일과 주거지들을 옮겨가며 지냈다. 예컨대 그는 슈바르츠발트의 시계 공장 노동자, 운송회사의 운전기사, 금속노동자 등으로 전전했다. 그는 이제 25년 전부터 이 도시에 살며 12년 동안 건설 현장에서, 대부분 크레인 기사로 일했으며, 최근 13년 동안의 직장은 기름 탱크 회사였다. 40세 이후에 D씨는 이혼했으며, 자신과 거의 연락을 하지 않는 두 딸은 베를린에서 살며 아들은 몇 년 전에 죽었다.

그는 63세부터 연금을 받고 있다. 연금은 900유로인데, 그 중 300유로는 집세로 나간다. 그는 이웃에 사는 여자 친구와 많은 시간을 함께 한다. 그녀의 집에서 저녁을 먹고 텔레비전을 본다. 그는 일반적으로 이리저리 빈들거리며 지내고, 날씨가 좋은 날에는 작은 스쿠터로 주거지 구역을 규정 속도보다 약간 더 빠르게 달린다. 예전에 그는 사진을 많이 찍었고, 볼

링 클럽 회원이었으며, 오르간을 연주했고 체스를 즐겨 두었지만, 이제 그 모든 것이 과거의 일이라고 말한다. 보다 더 예전에는 마상 경기대회에도 출전하고 개도 훈련시키고, 몇 년 동안 복싱도 했다고 한다. 그는 또한 아무 것도 하지 않고 오직 카드놀이만 하는 친구들도 많이 있다고 한다.

나는 D씨에게 앞으로 계획이 있으시냐고 물었다. 그가 말하길, 로또로 백 만 유로가 생긴다면 호화 여객선 '엘리자베스 여왕'호를 타고 멋진 세계여행을 하고 싶다고 했다. 그는 돈이 충분치 못해 휴가를 단념했다고 했다. 그렇지만 독일 해군의 기념비가 있는 키일로 언젠가 한 번 가고 싶다고 했다. 그는 자기 시계가 멎을 때까지 기다린다고 말했다. 그는 간병을 필요로 할 수도 있는 시간에 대해서는 아직 생각해 보지 않았지만, 자신이 벌써 모든 행사에 참여하고 있는 가까운 양로원으로 갈 수 있으리라 생각한다.

"내가 늙었나?"라고 그가 물었다. 그래, 최근에 이미 늙었지라고 스스로 말했다. 자신은 더 이상 똑바로 움직일 수도 없고, 노쇠함이 간과될 수 없다고 말한다. 예전에 자신은 60킬로그램 무게의 자루를 거뜬히 들었지만, 오늘날에는 고작 40킬로그램 무게의 자루만으로도 힘에 겹다고 했다. '노화'라는 주제에 대해 청년들에게 보내는 그의 충고는 다음과 같다. 가능한 한 많은 운동을 해라. 그밖에도 노년에 가장 중요한 것은 싸우지 않는 것이다.

'늙고 가난하다'라는 표현은 수백 년 동안 서로 분리되지 않고 항상 함께 사용된 개념이었다. 오늘날 비록 소수만이 노년에

병이나 가난으로 고통 받고 있을지라도 가난한 사람, 병자, 노인 등은 기도문에서 간간이 비슷한 개념으로 같이 언급된다. 현재 전체 자본 재산과 부동산의 4분의 1이상을 가지고 있고 15억 유로의 유산을 줄 수 있는, 모든 시대를 통틀어 가장 부유한 노인 세대가 살고 있다. 그렇게 많은 노인의 수입과 자산이 직장에서 은퇴한 사람들의 손으로 들어가는 일은 이전에 결코 없었으며 아마 앞으로도 없을 것이다. 산업과 광고 분야는 오래전에 이미 '실버 고객', '최상위 연령'을 - 이들을 항상 제목으로 내걸고 있는데 - 구매력 있는 집단으로 평가했다.

청년 시대에 사기 당했으며, 재건 단계에서는 많은 것을 단념해야 했던 전쟁 세대는 노년에 많은 것을 만회할 수 있다. 남자들은 노년에 '비이성적'이라고 생각하기까지 했던 자동차에 대한 꿈을 마침내 이룰 수 있고, 또 그것이 허용되기도 한다. 예컨대 히말라야 탐사도 할 수 있고 호화스런 취미 생활도 즐길 수 있다. 정말이지 여전히 노인들에게 주어진 밥그릇은, 학생이나 대학생들에게와 마찬가지로 재정상태가 좋지 않음에도 불구하고 연금을 받는 노인들에게는 과도할 정도로 풍성하다. 철도 이용 노인 증명서와 연금 생활자를 위한 할인이 대부분 어떤 보조금도 필요로 하지 않는 노인들에게 주어진다. 20세기 중반에 여전히 사회 정치적으로 중요한 주제였던 '늙고 가난함'은 현재 예컨대 한 부모 가족과 같은 다른 주제와 비교해보면 더 이상 큰 주제는 아니다.

실버타운? 시민병원?

그럼에도 불구하고 오늘날에도 여전히 늙고 가남함은 존재한다. 늙고 가난함은 남자들의 경우보다도 여자들의 경우 더 흔하다. 현재의 사회 정치적인 진로를 통해서는 가난과 부유함 사이에 전체적으로 점점 커지게 되는 틈새가 우리 사회에 떡 버티고 있다는 것이 문제다. 장기 실직자, (허구적) 자영업자, 정규직에 대한 전망도 없이 불확실한 노동 상황에 처한 청소년들의 빠른 증가세, 실질적 취업 기회가 없는 교육 낙오자, 조기 은퇴자, 그리고 그밖에 육체적 심리적 부담으로 더 이상 견딜 수 없는 사람들, 이 모든 사람들이 충분한 양로 제도에 대한 토대를 지니지 못하고 있다. 늦어도 2035년에 이르면 평균 연금이 사회지원금 수준으로 하락할 것이라는 예상들이 있다. 이런 위협적인 노년의 빈곤에 직면하여 정부 위원회는 그에 적합한 사립 노후 예방책을 확대시켜 가는데, 이것을 점점 늘어나는 노인 그룹들은 씁쓸한 위트로 받아들일 수밖에 없다. 도대체 무슨 수입으로 자신들이 추가 보험을 위한 돈을 확보해야 하는가? 물론 생의 마지막 단계에서 그 누구도 무언가를 가져갈 수는 없지만, 종말은 가난한 자에게는 부유한 자보다 분명 더 일찍 찾아오기 마련이다. 가난한 자는 부유한 자보다 평균 8년 정도 일찍 죽는다.

그 때문에 많은 노인들에게 노년에 가난해진다는 두려움은 근거 없는 망상이 아니라, 현실적인 전망이다. D씨는 49년의 직장생활의 수입으로 매달 900유로의 연금을 받게 되는데, 이것은 그가 때때로 즐기는 자전거 여행 경비로 적당하다. 그는 해군 기념비로 여행한다는 자신의 꿈을 아마 재정적으로 결코 이룰 수 없을 것이다. 우리 사회의 분열은 노년에서도 나타난다. 즉 어떤 사람은 자신의 수입으로 호화스럽게 생활할 수 있는 반면, 다른 사람은 자식의 후원에 의존한다. 어떤 사람은 시니어 전문가로서 극동 지방으로 여행하는 반면 다른 사람은 예컨대 상품구매를 옵션으로 하는 여행과 같이, 적은 경비가 드는 여행을 하는 노인들과 함께하는 것에 만족해야 한다. 어떤 사람은 실버타운에서 체계적으로 간병을 받는 삶을 누리는 반면, 다른 사람은 남루한 시민병원에 맡겨진다.

숨겨진 가난, 사회복지 사무소에서 기초생활 수급자로 분류되는 부끄러움이 무엇보다도 노인들의 주된 문제다. 간병 보험에도 불구하고 요양 시설 거주자의 절반은 여전히 사회보조금에 의지하고 있다. 그들은 평생 동안 종종 노년을 위해 약간의 돈을 저축하기도 했지만, 자신들이 양호하다고 생각한 재정적 여유가 일이년 간의 요양원 체류로 이미 바닥이 나는 것을 바라볼 수밖에 없다. 평생 저축했음에도 불구하고 종국에는 결국 국가의 동냥에 의지해야 한다는 사실은 정말 커다란 모욕이다. 그리고 늙고 가난함은 젊은 사람들의 가난과는 반대로 궁극적인 것이며, 절박하고, 좀 더 나아진다는 어떤 전망도 없는 것이다.

그러나 최상의 연금이나 자산 보존에도 불구하고 노년에는 가난해진다는 과대망상증적인 두려움도 또한 존재한다.[1] "인간은 노년에 달라져가는 것이 아니라, 점점 나빠져간다"[2]는 에리히 쉬첸도르프의 확신에 동의하긴 싫지만, 우리는 최소한 그런 특성들이 좀 더 강하게 형성되고 있음을 관찰할 수 있다. 예컨대 규칙적으로 대중교통을 이용하는 사람은 짧지 않은 승차시간에 대해 많은 사람들이 각기 어떤 점을 강조하며 불평하고 있는지 살펴보면 항상 새롭게 감탄할 수 있다. 평생 절약하거나 구두쇠였던 사람은 일반적으로 노년에 돈을 잘 쓰는 방탕아가 되지는 않는다. 즉 그가 평생 느낀, 너무 적은 수입으로 산다는 생각이 노년에도 여전히 그를 지배할 것이다. 마이놀프 페터스의 해석에 따르면, 노인은 "어쩔 수 없이 먹게 되는 나이, 끔찍한 질환, 죽음 등에 대항하여 자신의 재산과 영역을 방어한다. 재산을 모으려는 노력, 대상을 꽉 잡는 것, 노인들의 전형적인 현상으로 나타나는 기억의 조각들을 모으는 행위 등은 삶의 일관성을 유지하고 자신의 삶에 대한 흔적을 확보하려는 노력이다."

노년에는 활동 영역이 점점 더 줄어들고, 직접적으로 접하게 되는 주변이 점점 더 중요해진다. 삶은 자신이 주로 머무는 4개의 벽으로 점점 축소된다. 집과 수많은 추억으로 연결된 물건들이 노인의 소우주가 된다. 집은 습관을 반영한다. 바깥세상이

1) 여기서 또한 소위 '공포-피해자-패러독스'라는 잘못된 현실 인식에 대해 지적해야겠다. 이것은 노인이 아주 빈번하게 예컨대 어디서나 존재하는 핸드백 강탈과 같은 폭력의 희생자가 된다는 확신을 가지고 있다는 것이다. 사실 그 반대가 맞다. 즉 공공장소에서 폭력을 당한 경험이 2,30대의 경우가 50% 이상을 차지하고 있는 반면, 70대가 넘어가는 경우에는 30% 이하로 떨어진다. (4차 노인 보고 2002, 134쪽).

2) Schützendorf 2005, 80쪽.

낯설어지고 이해할 수 없이 되어버린 반면, 집은 정체성과 과거를 대변하는 고유의 인생사를 간직하며, 조정에 따른 욕구는 자신만의 4개 벽 안에서 여전히 유지될 수 있다. 우리의 수입, 재산, 주거 환경, 생활수준, 소비 능력, 그리고 우리를 감싸고 있는 주변 생활환경은 우리에게 안정과 정체성을 부여하며, 우리가 어떤 존재인지, 우리가 누구인지를 표현해준다. 물질주의로의 도피는 한편으로는 외부에 드러난 전면의 자기 가치를 연출해내려고 시도하는 것이고, 다른 한편으로는 최대한의 안정 장치로 가는 도정에 리스크를 지닌 삶을 제어할 수 있다고 믿는 것이다.

물질적 소유물이나 부는 불멸에 이르는 길을 약속하며, 죽지 않는다는 허황된 보장에 희망을 걸게 한다. 모든 종류의 생명보험은 가능하고 상상할 수 있는 불행한 사건들로부터 우리를 보호해야 한다. 그러나 그것들은 결국 삶을 질식시킨다. 왜냐하면 절대적인 안전이 지배하는 곳에는 어떤 생명도 존재하지 않기 때문이다.

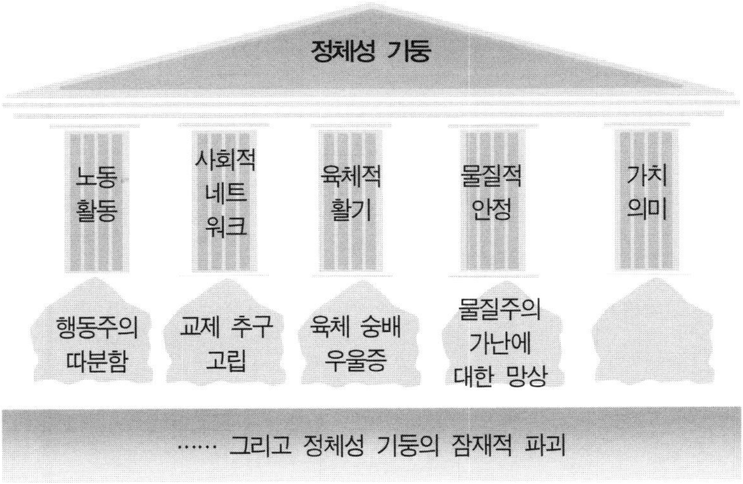

안정과 정체성이 물질에 의해 그렇게 좌우된다면 가난에 대한 두려움은 멀지 않은 곳에 있다. 그것은 더 이상 생존을 위한 필수품을 소유하지 못한다는 객관적인 상황으로 인해 야기된 두려움이다. 만약 지금까지의 내 모든 생활 에너지를 숨겨둔 나의 외형이 무너져버린다면, 나는 얼마나 가엾은 사람이 될 것인가?

우리는 전쟁 세대에게 보상을 해주는 것은 마땅하다고 생각하지만, 전후에 태어나서 이제 연금을 받게 된 사람들이 어떤 권리로 또 다시 연금을 펑펑 써버리는 상항을 누리게 해주어야 하느냐고 묻는다. 전쟁을 겪지 않고 성장한 세대가 경제 성장, 복지 그리고 전대미문의 사회 안전장치로 끼어들었다. 그들은 평생 동안 대부분의 인류가 단지 꿈만 꾸었던 것보다 더 많은 것을 이미 누리지 않았던가? 그리고 이제 그들은 비행기를 타고 전 세계로 돌아다니며 자식들이 유산으로 받아야 할 것들을 탕진하며 '새로운 노년'으로서 두 번째 젊음을 체험한다. 반면에 점점 더 많은 젊은이들은 자신들의 첫 번째 젊음이 사기당하고 있는 현실을 보게 된다. 미국의 문화인류학자인 마거릿 미드Margaret Mead가 분명히 지적하고 있듯이, 우리 자신이 비난받을 만한 존재가 되어버린 사실을 결코 잊어서는 안 된다.

"우리 노인들은 젊은이들이 원주민인 세상에서 떠돌아다니는 이주민이다."

세대 간 전쟁은 우리를 위협하고 있는가

비스마르크 이래 노인의 부양이 당시 직장인들의 재정적인 지원을 통해 확보된다[3]는 세대 간 계약은 오래 전에 이미 관례적 이중 잣대 때문에 효력을 상실했어야 했다. 원래 70세 이상을 위한 부분 연금으로서 도입되었고, 1916년에야 비로소 나이 경계가 65세로 내려갔는데, 이것은 국민의 5%에 해당하는 수였다. 지속적인 인구통계학적 안정의 징후 하에 소수의 도움이 필요한 자들을 위한 지원 계약이 도입되었다. 그 당시 그들의 수명은 늘어날 것이라고 쉽게 예상할 수 있었지만, 연금 수입의

3) "당신은 당신의 연금을 저축하고 있지는 않았습니다"라는 이른바 마켄로트 테제Mackenroth-These는 모든 사회 비용이, 그것이 연금 지불이든 생명 보험이든 간에, 항상 동일 기간에 나온 사회 생산으로만 지불될 수 있다는 경제적인 사실을 입증하고 있다.

확충으로만 문제 해결이 가능하다고 생각한 지원 계획이었다. 대규모의 점점 증가하는 기여금 의무자 그룹을 통해 지원금 재정이 충당되었다. 이런 조건 하에서 노인들과의 연대감은 무리 없이 언급될 수 있다.

그런데 오늘날의 계약 토대는 어떤가? 세대 간 계약은 6배나 늘어난 연금수혜자 그룹에 적용된다. 그들은 평균수명이 20년 늘어났으며, 완전하고 타당한 노인 수입의 보장을 위해서 점점 더 적어지는 연금 납부자에게 그 부담이 지워진다. (1명의 연금 수혜자에게 옛날에는 10명의 연금 납부자가 있었지만, 오늘날에는 2명의 연금 납부자도 안 된다.) 즉 우리는 오늘날 그 당시 계약 파트너가 (그들이 존재하기라도 한다면) 아주 뻔뻔한 환상으로도 생각조차 할 수 없었던 상황에 처해 있다. 100년 전에 체결된 안정되고, 쉽게 파악될 수 있고 재정 지원도 쉽게 될 수 있는 그런 세대 간 계약은 그 당시 계약상의 모든 근거를 잃어 버렸다. 현재 시스템을 단선적으로 계속 밀고 나갈 경우 2030년까지 동일한 연금 납부로 연금 재정은 절반으로 줄어들거나, 동일한 연금 수혜를 받기 위해서 연금 납부금을 2배로 올려야 하는 위험에 처해진다.

독일의 사회 교육학자인 알브레히트 뮐러 쉘Albrecht Müller- Schöll은 이렇게 경고한다. "세대 간 계약은 젊은이들에게는 행운의 편지처럼 여겨질 것이다. 일찍 승차한 자들이 단물만 빨아 먹고, 늦게 승차한 자들은 자신들의 투자금을 잃는다." 심지어 '노인 거짓말'과 '세대 사기'라는 말까지도 등장한다. 사회학자이며 신학자인 라이머 그로네마이어는 '생태학적 전범소송'이 우리에게 다가오고 있다고 본다. 그 소송은 우리가 아이들에게 그들이 살아갈 자연 토대를 치유 불가능하게 파산시켜버린 세상을 유산으로 남겨줌으로써 야기된 것이다. 이 지구의 가난한 자들은 텔레비전에서 우리 부유한 자들이 매일 지구 자원의 3분의 2를 어떻게 소비하고 사용하는지 생생하게 관찰할 수 있다.

세대 간 전쟁이 우리를 위협하고 있는가? 아마 노인과 청년의 투쟁이란 그 전쟁은 그렇게 빨리 일어나지 않을 것이다. 여기서 갈등의 경우 전면에 내세울 수 있는 공통의 이해 상황을 알리기에는 세대 내부에서의 단념, 대립, 불화 등이 너무 다양하다. 60년대 말의 격렬한 세대 갈등을 회고해본다면, 오늘날의 세대 간 동거는, 비록 예전에는 이런 식으로 상이한 특색을 보이는 세대들이 서로 함께 생활한 적이 결코 없지만, 조화롭다고밖에는 표현될 수 없다.

게다가 우리 시대의 세대 간 결속은 우리에게 보다 큰 문제를 던져줄 것이다. 즉 노인은 자신의 고유 기억을 통해 젊은이들과 결속감을 느끼는 반면, 젊은이들은 노인들에 대한 모든 공격들이 결국 어느 날에는 자기 자신에 대한 공격이 되리라는 사실을 안다. 말이 났으니 말이지 세대 간 갈등은, 그림Grimm 동화의 초판에서 발견할 수 있듯이 인류가 살아오며 항상 있어왔다.

옛날에 경제적인 구조 변화, 대량 실업, 사회국가 붕괴 등으로 곤궁한 생활로 하락한 어떤 가족이 살았다. 아버지와 어머니는 어쩔 수 없어 자신들의 두 아이를 숲에 버려두고 그들의 생명을 운명에 맡길 수밖에 없었다. 아이들은 이리저리 헤맨 끝에 사회의 변방으로 내몰린 늙은 여인의 조그만 집을 발견했다. 이 여인은 늙으면 가난해진다는 망상에 사로잡혀 수많은 생필품을 비축해두었고, 집 주변에 이것을 쌓아놓았다. 허기진 아이들이 집 주위에 쌓인 먹을 것을 갉아먹었고, 시력이 좋지 않은 집주인은 도대체 누가 자기 집 주변에서 바삭바삭 소리를 내는지 묻자, 아이들은 그녀에게 하늘의 자식인 바람 소리라고 거짓말을 했다. 그들의 거짓말에도 불구하고 그 선량한 부인은 두 아이들을 자기 집으로 들어오게 했다. 그녀는 영양실조인 소년들을 잘 먹여 키우려고 노력했으나 감사할 줄 모르는 남자아이는 먹기를 거부했다. 그래서 그녀는 그 남자아이를 결국 가두어놓고 강제로 합리적인 영양을 섭취케 했다. 그녀에게 살림을 배우기 위해 들어와 있었던 소녀도 그 남자아이와 마찬가지로 고집불통이고 게을렀다. 허약한 노부인이 소녀에게 아궁이를 보라고 청했을 때, 그 감사할 줄 모르는 계집애는 선량한 양모를 아궁이에 밀어 넣어, 그녀는 비참하게 불에 타서 죽었다. 아이들은 후회도 없이 선량한 부인의 모든 재화들을 약탈했으며 즐겁게 집으로 행했다. 거기서 그들은 노인의 부담을 줄여준 데 대해 자신들이 기여했다고 칭찬 받았으며, 그들의 아버지와 함께 노획물을 흥청망청 탕진했으며 다음 세대의 재산 분배에 대해 여러모로 궁리했다.

자세히 살펴보면 세대 간 전쟁에 대한 토론은 두 가지의 크고 해결되지 못한 오래된 사회 문제들을 감추고 있다. 첫째는 부와 빈곤, 가진 자와 가지지 못한 자, 취업자와 실업자, 부유하고 오래된 세계와 젊고 가난한 세계 사이의 대립이 증가하고 있다는 사실이다. (아프리카의 평균 나이는 현재 약 15세이다). 두 번째는 성 문제가 사회 분야에서 노년 그리고 그것과 결부된 서비스에 대한 문제와 다름 아니게 되었다는 것이다. 노인과 노인 구호에 대해 언급하는 것은 여자에 대해 언급하는 것을 의미한다. 노인이 남자라면, 남자와 여자의 역할 관계가 정반대라면, 그리고 집에서든 보호 시설에서든 간병을 필요로 하는 사람의 5분의 4가 남자라면, 노인 간병이 남자의 직업이라면, 노년에 우리의 부양은 의심할 바 없이 훨씬 좋아졌을 것이다. 세대 간 정의를 위한 외침에서, 의도적이든 의도하지 않았건 간에, 세대 간의 사회적 정의보다는 사회 안전장치의 붕괴에 대한 이념적 준비와 증가하는 분배 정의가 훨씬 더 중요하게 된 것처럼 보인다. 따라서 이 테마는 아주 다양하게 고찰될 수 있다. '에이지즘', 즉 공개적인 또는 은밀한 노인 차별에 대한 다양한 형태 외에도 서서히 다가오는 노인-금권정치, 즉 늙고 부유한 남자들의 지배에 대한 징후들이 점점 많이 나타나고 있다. 왜냐하면 증가하는 성 평등에도 불구하고 여전히 권력의 핵심부가 높으면 높을수록 남자들이 더 많이 점령하고 있으며, 부자와 권력자는 자기 이해와 사회적인 보조로 훨씬 늦게 나이를 먹는다.

자네가 생각할 때는 이미 늦었네![4]

세대 간의 전쟁이 비록 발생하지는 않는다 할지라도 세대 간 증가하는 소외, 즉 젊음과 노년이 공존하는 생활 세계의 붕괴는 확실하다. 여기서 우리는 알프스 산 주변, 온천, 또는 구동독의 많은 지역에 산재해 있는 양로 특구를 반드시 생각할 필요는 없다. 예컨대 대중교통 이용 시 노인이 젊은이들의 러시아워에 승차할 경우 노인에게 벌금을 부과하는 경노증이라든지, 또는 슈퍼마켓 계산대에서 하필이면 가게가 문을 닫기 직전에 영업을 저지시키는 노부인에 대한 비난의 눈초리 같은 것이 세대 간을 구분하는 상징적인 모습이다. 그 때문에 노인들에게 젊은이들에 대한 자신들의 의견에 대해 묻는다면, 또는 반대로 젊은이들에게 노인들에 대한 자신들의 의견을 묻는다면, 그 판단은 대부분 부정적이다. 그러나 할아버지 할머니에게 그들의 손자에 대해 또는 그 반대로 손자들에게 할아버지 할머니에 대해 묻는다면 대부분 아주 긍정적인 그림이 그려진다. 거리감이 있는 세대 간 관계는 부정적으로 느껴지는 반면, 직접적인 관련이 있는 세대 간 관계는 일반적으로 만족스럽다. 왜냐하면 좋은 관계란 개인적인 만남을 필요로 하고, 교제는 접촉을 통해 생성되며 따스함은 마찰을 통해 발전되기 때문이다.

세대 간 관계를 양호하게 하기 위해서는 물론 어떤 새로운

4) 옛날 중국 인사말로서 젊은이에 대해 노인이 사용한 표현이다.

것이 나와야 하고, 더 이상 우리 아버지나 조상들에게 집착할 수는 없다. 젊은이들은 승차 전에 우선 노인들에게 승차표 자동 판매기에 대해 설명해주어야만 하는 세상을 일반적으로 더 이상 원하지 않는다. 즐겨 인용하는, '한 명의 노인이 죽으면, 한 개의 도서관이 죽는 것이다'라는 아프리카 속담에 대해 학생들은 '그래서 어쨌다는 것인가?'라는 시큰둥한 표정만 지을 뿐이다. 그들은 이미 오래전에 중요하고 실질적인 모든 것을 인터넷에서 찾기 시작했다. '노인의 자산'과 현재에도 활용될 수 있는 노인의 귀중한 경험을 찬양하는 강연이나 정부 프로그램은 대부분 - 거기에 이런 노인의 자산이 구체적으로 들어있는데도 불구하고- 시대에 뒤쳐진 것으로 여겨진다.

늙은 나무는 심지 않는다!

당신은 어디서 어떻게 거주하고 계십니까? 두 명의 어린 아이들이 있는 젊은 가족을 위해 지은 전형적인 집에서? 당신은 종종 너무나 많은 돈이 들어가는 정원을 가지고 계십니까? 당신은 직장 생활이 끝난 뒤 집에서 24시간 있을 경우 충분한 자극을 제공할 수 있는 환경에서 살고 있습니까? 만약 당신이 어느 날 자동차를 단념해야만 할 경우 어떤 행동반경을 가지게 됩니까?[5] 당신이 간병을 필요로 하게 된다면 당신의 집이 감옥

5) 당신의 운전 면허증을 나이가 많다는 이유로 반납하기 전에 잘 생각해 보십시오! 당신의 활동 반경과 독립성은 그것으로 매우 제한될 수 있습니다. 노인은 경우에 따라 교통 장애일 수 있으며, 운전에 부적합할 수도 있고 접촉 사고를 몇 차례 야기할 수 있습니다. 그러나 개인의 실수가 원인인 노인 사고는 언론

으로 변합니까? 당신은, 또는 통계적으로 여자 파트너가 더 그렇지만, 배우자가 죽어 당신이 혼자가 되는 경우 (너무 큰) 집을 포기해야만 합니까? 당신은 이 질문에 대해 대답하기에는 너무 이르고, 60세가 넘어야 비로소 고려해야만 한다고 생각하십니까? 그렇다면 그런 근본적인 변화에 대처하기 위해서는 종종 이미 너무 늦을 것입니다.

늙은 나무를 심지 않는다는 견해에 나는 동의한다. 왜냐하면 늙은 나무는 더 이상 충분히 뿌리를 내릴 수 없기 때문이다. 대부분 자신과 동일한 사정에 처해 있고 모든 것이 약간은 노인 위주로 이루어지는 양로 지역이나 양로 센터로 뒤늦게 이사하는 데 대해서 나는 이의를 제기하지 않는다. 나는 또한 은퇴 후에 주거지를 남유럽으로 옮기는 것이 좋은 아이디어는 아니라고 생각한다. 우선 늦게 찾아온 커다란 자유는 나이가 들어감에 따라 딜레마로 빠진다. 외국인이 되어 대부분의 이주민처럼 두 나라 사이를 이리저리 시계추처럼 왕래한다. 그리고는 어느 날 두 나라 중 하나를 결정해야만 한다. 그러나 그 나라는 고향이 아니다. 이주민 연구에 의하면 노년으로 갈수록 출신국으로 나라를 결정하는 비율이 높아지고 새로운 나라는 제3세대에 가서야 비로소 최종적으로 고향이 되며 그곳에 뿌리를 내릴 수 있다고 한다.

에 나타난 노인의 모습이나 운전 외에 다른 노인 그룹의 사고보다 발생 확률이 훨씬 낮습니다. 운전 면허증은 여전히 성인이나 남성성에 대한 상징이며 지금도 상징으로 남아 있다고 생각한다면 더 이상 자동차를 운전할 수 없는 것이 왜 생의 비관적인 사건으로 간주되는지 이해될 것입니다.

그러면 자신의 4개 벽 안에 머무는 것은? 사태의 추이를 관망하면서 가능한 한 그냥 계속 살아가는 것이며 잠재적인 부동산, 간병 필요, 치매 등에 대해선 관심이 없는가? 그러면서 아마 자신을 버리고 떠나진 않을 자식들에게 약간은 희망을 품고 있는가? 대부분의 노인들이 이런 원칙에 따라 살지는 않는다고 할지라도 많은 부분을 공유하고 있다. 그리고 종종 어느 정도는 맞아 떨어진다. 간병이 필요한 노인의 3분의 2가 가족이나 가까운 일가에 의해 간병을 받는다. 그러나 여기서 그들은 가족들이 종종 간병에 그렇게 열의를 보이지 않기 때문에 충분히 간병을 받을 수도 없다. 집에서 하는 간병은 감옥으로 변할 수도 있다. 거기서는 간병을 하는 사람과 받는 사람이 끝없는 이야기로 하루 종일 서로에 대해 요구하며 고립으로 빠져들고, 평생 동안 입증된 결혼이라는 놀이도 중단되지 않으며, 구역질, 수치, 증오 등은 죽음이 곧 이해심을 가지게 할 것이라는 사실만을 바라게 만든다. 늙은 사람들 사이의 파트너 관계에서 남자들은 대략 여자들만큼이나 자주 폭력의 희생물이 된다.

좋은 옛 시절?

나이와 간병 필요성에 대해 언급하고 쓸 경우에는 언제나 '좋은 옛 시절'을 동경하며 한탄하는 내용이 나온다. 그 시절은 노인들이 아직 양로 시설로 내몰리지 않고 대가족의 품에서 안주하고 존경 받던 시기였다. 그러나 옛 시절에는 정말 노인들에게 어땠을까? 사회사적인 연구 결과에서 세 개의 대표적 역사

자료를 제시해 보자.

늙은 할아버지와 손자

옛날에 눈이 침침해지고 무릎을 떠는 아주 늙은 노인이 살았다. 그가 식탁에 앉아 숟가락도 제대로 잡을 수 없게 되자 스프를 식탁보에 붓고서 다시 입으로 마셨다. 그의 아들과 며느리는 그것을 역겨워했으며 그 때문에 그 늙은 할아버지는 결국 난로 뒤 구석에 웅크리고 앉아야 했다. 그들은 할아버지에게 진흙으로 구워 만든 작은 접시에 음식을 주었지만, 배부를 정도로 많이 주진 않았다. 할아버지는 슬픈 표정으로 식탁을 바라보면서 눈물을 흘렸다. 한 번은 떨리는 손으로 작은 접시를 잡지 못했다. 접시는 바닥으로 떨어져 부서졌다. 젊은 며느리가 나무랐지만, 그는 아무 말도 못했고 한숨만 쉬었다. 그녀는 싸구려 나무 접시를 그에게 사주었다. 그는 그 그릇으로 식사를 해야 했다.

그들이 그렇게 앉아 식사를 할 때 4살 난 손자가 땅에 떨어져 있는 조그만 널빤지들을 주워 모았다. "뭐하니?" 아버지가 물었다. "제가 크면 아버지 어머니가 드실 작은 통을 만들고 있어요." 부부는 잠시 동안 서로를 바라보다가 결국 눈물을 흘리기 시작했고, 즉시 늙은 할아버지를 식탁으로 모셔 와서 그때부터 함께 식사하게 했으며, 할아버지가 약간 흘리더라도 아무 말하지 않았다.

그림 형제의 이 동화는 늙은 사람들 사이에, 노인 동호회에서, 그리고 노인을 위한 양로 신문과 잡지에서 늙은 할아버지와 손자를 통해 즐겨 그리고 많이 인용된다. 전래 동화는 역사적인 사실을 전달해준다. 실재 이야기인 동화의 1부는 우선 늙은 사람들과 그 가족들의 사회적 상황이 수백 년의 시차를 넘어 묘사되고 있다.

동화의 2부는 사랑스런 손자와 부끄러워하고 개종한 부모로 시작된다. 2부는 아마 그 당시 널리 퍼져 있던 노인들에 대한 나쁜 대우에 초점을 맞추어 경고 메시지를 준 그림 형제에 의해 비로소 추가되었을 것이다. 그림 형제는 사실에 근거한 이런 이야기를 도덕적이며 교육적인 동화로 바꾸었다. '너희들의 부모에게 더 잘해라!'라는 것은 이 이야기를 아주 좋아하고 인기 있게 만든 도덕적인 명령이다.

만약 우리가 이야기 속에서 소위 '좋은 옛 시절'에 대한 또 다른 자료를 찾아 나선다면 마찬가지로 즐겨 인용되는 텍스트인 십계명의 네 번째 계율을 접하게 될 것이다.

> 네 부모를 공경하라
> 그리하면 네 하나님 여호와가 네게 준 땅에서
> 네 생명이 길리라[6)]

여기서도 성경 시대의 노인들이 오늘날의 노인들보다 잘 대접받았다고 생각되는 추측은 우선 명백하게 잘못된 것이다. 왜

6) 출애굽기 20장 12절.(옮긴이주)

냐하면 이스라엘 민족의 경우 노인을 위한 보살핌이 10개의 주요 생활계율이라는 기본 프로그램에 수용되어야 할 정도로 노인들의 상황이 아주 나빴음에 틀림없기 때문이다. 주지하다시피 노인들에 대한 공경과 간병은 결코 자명한 것이 아니라 강조된 계율을 필요로 했다. 게다가 이유 제시와 동기 부여('네 생명이 길리라')를 지닌 유일한 계율이기 때문에 이것은 여기서 특별히 강조할 필요가 있었다는 추측을 가능하게 한다. 휠체어, 보행기, 욕조도 없이 노인, 허약한 자, 죽어가는 자들과 함께 40년 동안 사막을 방황하는 민족에겐 노인을 버리는 것이 그들을 공경하는 것보다 훨씬 더 쉬웠을 것이다.

우리가 '좋은 옛 시절'을 찾아가는 길에 가장 최근 이야기에 도달하게 되면 세 번째 자료를 접하게 된다.

> 또 다른 의무 사항으로 인수자는 양도자에게 다음과 같은 종신 연금을 제공해야만 한다.
>
> 다음과 같은 낙농 생산물을 매년 성 마르틴 축제날에 전달해야 한다. 단, 물건의 성격에 따라 공급 시간이 고려되지 않을 경우도 있다.
>
> 매년 - 최소한 2첸트너[7] 중량의 두 마리 도살 돼지
> - 2첸트너의 백밀가루
> - 2첸트너의 흑밀가루
> - 3첸트너의 감자
>
> 매주 - 1.5파운드의 버터

7) 1첸트너는 50킬로그램.(옮긴이주)

- 20개의 달걀

매일 - 2리터의 우유

그 외에도 인수자는 건강하든 아프든 한결같이 양도자를 보살피고 간병해야 한다.

이와 같은 농가 인도 계약으로 늙은 농부는 현재에 이르기까지 수백 년에 걸쳐 궁핍에 빠질 노년을 대비해왔다. 위에 소개된 계약 문서 일부는 1972년에 작성된 것이다. 사람들이 사이좋게 지내는 곳에서는 계약이 필요 없다. 계약은 항상 계약적 사전 조치를 통해서 문제를 예방하려는, 문제 있는 사회적 사항에 대한 암시이다. 노인 계약은 세대 간 고통스러운 체험으로부터 나오게 된다.

지금이 노인의 좋은 시절이다

100년 전까지 우리 사회를 여전히 규정하고 있었던 농촌에서의 실제 삶은 어땠을까? 한편으로는 노인이 영향력, 수입, 지출을 지속적으로 가지기 위해 일반적으로 농가를 넘겨주길 주저했고, 다른 한편으로는 아들의 결혼 승낙이 이런 양도와 결부되어 있었다. 비교적 늦게 이루어진 결혼의 경우 종종 부분 양도만 이루어진다. 우리는 이러한 양도 조건이 젊은이의 입장에서 노인에 대한 사랑과 경외를 촉진시키기 위한 유리한 전제 조건이라는 사실을 쉽게 상상할 수 있다. 그 때문에 아주 가난한 조건 하에서도 젊은이와 노인은 공간적으로 서로 분리되어 사는 것이 일상적이었다. 젊은이와 노인은 늦은 결혼과 낮은 평균 수명으로 인해 일반적으로 두 세대만이 한집에서 살았다. 많이 곳에서 등장하는 조화로운 대가족은 예외였고 대부분 중상류층 시민의 생활에서만 발견될 수 있다. 노인학 연구가인 레오폴트 로젠마이어는 자신의 문화비교 연구서에서 다음과 같은 결론을 내리고 있다. "서유럽과 북유럽 대부분의 지역에서는 평생을 걸쳐 한지붕 아래 함께 사는 세대들의 삶도 존재하지 않을 뿐더러, 질병이나 만성 쇠약의 경우 가족을 통한 간병이나 돌봄에 대한 포괄적인 권리도 존재하지 않는다."[8]

노인 연구를 역사적으로 살펴보아도 노인의 '좋은 옛 시절'에 대한 기록은 전무하다. 노인 연구는 노인 위상의 상승과 하락을 꾸준히 서술하고 있지만, 무엇보다도 부유하고 권력이 있으며 존경받는 (그러나 오늘날까지 대부분 늙은 사람으로 인식되지 않는) 늙은 남자와 다수의 가난하며 조소의 대상이 된 노인을 구분한다. 그래서 그리스 사람들은 예컨대 정치적인 오류 때문에 더 이상 언급되지 않고 있는 아리스토파네스Aristophanes의 희극을 읽고 즐거워한다.

> 노인은 가장 나쁜 악이며,
> 모든 손님들 중에 가장 술에 취한 자였으니!……
> 그러나 노인은 모든 이들 중 가장 멋지게 일에 열중했다.
> 노인은 달콤한 유혹에 거의 넘어가지 않으며

8) Rosenmayr 1995.

깡충 뛰며 춤을 추고 방귀를 뀌며 웃는다.
마치 오만불손한 당나귀처럼……

'좋은 옛 시절', 그 시절이 원래 그렇게 좋지 않았지만, 왜 그 시절이 원래 그 시절을 더 잘 알고 있음에 틀림이 없는 사람들에 의해 그렇게 고집스럽게 항상 반복해서 회상되고 있는가? 특히 남성 정치 연설가는 고상하고 도덕적인 집게손가락으로 이런 잘못된 신화를 부추기고, 자신들의 노인들을 아마 모두 양로 시설로 몰아내었을 가족 세대의 유령을 벽에 그려놓는다. 정확히 살펴보면, 친지는 대부분 여자를 의미하는데, 여자들의 손으로 간병이 이루어지지만 여자들은 노인 간병 의무를 더 이상 다하지 않으려 한다. 왜냐하면 여자들은 (단지 의무 수행만을 알고 열심히 일하는 남자들과는 전혀 다르게) 단지 자신들의 '자아실현'만을 추구하고 있기 때문이다. 여자들이 당연히 해야 하고 의무로 간주되는 부엌으로 여자들을 데려가고 병 수발도 하게 만드는 양심의 가책이 아마 여자들에게 개입되었을 것이다.

이런 이데올로기적인 소문이 얼마나 파렴치하고 근거 없는 것인지는 무엇보다도 대부분 여자들인 그렇게 많은 친지들이 오늘날처럼 그렇게 많은 노인들을 부양했을 시기가 결코 없었다는 사실을 보여주는 인구 통계학적인 발전을 일별해 봐도 나타난다. '좋은 옛 시절' 대신에 '노인의 좋은 시절은 바로 오늘이다!'라고 말해야 더 정확한 표현일 것이다. 지구상의 그 어느 나라에서도 그리고 그 어떤 시기에서도 부유한 세계에 사는 오늘날의 노인 세대처럼 물질적으로 그렇게 보장을 받고, 건강하며 훌륭한 부양 시스템으로 살고 있는 노인들은 존재하지 않았다.

네 가지 분야로 나이 들기

우리는 사회의 노인 구조에서 획기적이며 근본적인 변화의 중심에 있다. 우리 사회의 노인 구조는 4가지 분야로 나이가 들어가는 과정으로서 묘사될 수 있다. 독일 주민의 나이 구성을 살펴보면 이러한 급진적 변화 과정을 알 수 있다. 수천 년에 걸쳐 항상 어린이와 청소년이 넓은 층을 이루고 있었던 고전적인 나이 피라미드는 100년 이내에 뒤집어질 것이다. 노인들이 다수를 차지할 것이고, 피라미드는 버섯 형태로 변할 것이다. 4가지 요소가 동시에 나타나기 때문에 이러한 인구 통계학적 구조 변화는 역사적으로 처음 있는 일이다.

· 노인들이 점점 더 증가한다. (양)

오늘날처럼 이렇게 노인들이 많았던 시기는 없었다. 1900년과 비교해보면 60세 이상 노인의 수는 3배가 되었다. 오늘날 60세 이상의 나이 그룹은 전체 주민의 4분의 1에 해당하며, 2030년에는 3분의 1이 될 것이다.

· 점점 더 늙어간다. (고령화)

100년 전 평균수명이 여전히 40세 정도에 머물러 있었던 반면, 오늘날 남자들은 평균 76세, 여자들은 81세에 죽는다. 오늘날 새로 태어나는 여아 둘 중 하나는 100세까지 살아 갈 수 있으리라고 예상된다. 70세 이상의 비율도 1900년과 비교해보면 5배로 늘어났고, 80세 이상의 수도 2030년까지는 두 배가 될 것이다. 1939년 독일제국에서 100세 이상의 노인이 16명이었던 반면에 오늘날 그 수는 약 4천 명에 달한다.

· 점점 더 빨리 늙어지고 있다. (은퇴)

60세가 되면 직장인의 3분의 2가 이미 은퇴한다. 법률상의 퇴직 연령을 높이는 것과는 전혀 관계없이 '고철에 속하게 되는' 시기가 늦게는 65세에, 빠르면 이미 50대 초반에 시작된다.

· 젊은 층이 점점 더 적어진다. (연령 비율)

1950년에 70세 이상의 노인과 비교해 20세 이하의 연령층이 두 배나 많았던 반면, 오늘날 이런 관계는 완전히 역전되었다. 노인의 증가뿐만 아니라, 젊은이가 점점 더 줄어들기 때문에 우리의 연령 피라미드는 뒤죽박죽이 되어 있다. '독일 노인 인구의 증가'보다는 '독일 청년 인구의 감소'라는 표현이 더 적절할 것이다. 1900년에 75세 이상의 노인 1명 당 80명의 20세 이하가 있었던 반면, 오늘날에는 겨우 10명의 20세 이하만이 있을 뿐이다.

우리 사회의 이런 4가지 분야의 나이 들기로 우리는 역사적으로 어떠한 전례도 없었던 많은 새로운 문제와 과제에 직면하게 된다. 그 때문에 소위 '좋은 옛 시절'과의 그런 비교는 이미 금지되어 있다. 지금처럼 젊은이보다 노인이 더 많았던 사회는 없었다. 예전에는 단일 사건으로 나타났던 고령화는 대중적인 현상이 되며 그럼으로써 시장경제의 법칙에 따라 인플레이션의 가치상실을 감수한다. 간병의 필요성과 노인성 정신박약은 전기적인 통례가 되었다. 나이는 처음으로 포괄적이며 전체 사회의, 많은 사람들에게 '노인 부담'이라는 과제가 되었다. 오늘날처럼 그렇게 많은 친지와 간병인들이 늙은 사람을 간병했던 적은 결코 없었다. 40세 이상의 절반은 개인적인 근접 공간에서 가정적인 간병을 받은 경험이 있다. 나의 견해에 따르면 아이들이 자신들의 부모를 간병할 의무는 없다. "아이들을 돌보는 것은 자연스러운(Natur) 것이고, 부모를 돌보는 것은 배양해야(Kultur) 되는 것이다."

종착역은 그리움, 그리움입니다

예나 지금이나 여전히 대부분의 노인들은 친지들이 돌보지만 결국에는 양로원으로 가야 한다는 사실이 노인들을 위협하고 있다. 노인의 5분의 1이 겪게 되는 양로원 행은 그곳에서의 따스한 보살핌에도 불구하고 여전히 노인이 겪는 가장 끔찍한 일이며 가장 큰 삶의 위기에 해당한다. 유연성과 적응력이 가장 떨어질 시기인 노년기는 흔히 자신의 의지와는 무관하게 아마 자기 인생에서 가장 높은 적응력이 요구되는 시기일 것이다. 우리가 그린 다섯 개의 기둥을 일별해보면 양로원 입원을 통해 정체성이 다섯 개의 차원 모두에서 격렬하게 흔들리고 위협받는다는 사실이 나타난다. 즉 노인은 대부분 심각한 건강상의 이유로 양로원에 온다. 양로원 수용자의 절반이 병원에서 직접 오게 된다. 양로원은 사회적인 관계를 유지하기에는 대부분 양로원으로 오기 이전까지의 노인들의 주거지와는 너무 멀리 떨어져 있다. 노인들은 이제 예전에 자신의 살림을 불안하게 꾸려오던 곳을 떠나 옛날 궁궐에서처럼 옷을 입고 벗는 것뿐만 아니라 자신의 육체까지도 돌보아주는 일종의 풀 서비스 호텔에 매일 있게 된 것이다. 그러나 유감스럽게도 그가 받는 연금은 제왕이 쓰는 것처럼 풍요롭지 못하고 사회보조금 수령자의 용돈이 공식적으로 표시되고 있는 것처럼 매달 수령하는 푼돈으로 제한되어 있다. 그래서 결국 그는 이런 모든 상황에서 어떠한 정당한 삶의 의미도 더 이상 인식할 수없는 것을 실감하게 된다. 양로원 입주는 많은 사람들이 그 상황을 더 이상 극복할 수 없거나 혼란으로 빠져들 수박에 없을 정도로 심각한 삶의 위기이다.

간병 시설은 독일에서는 또 다른 여성의 집이다. 거기서 간병을 받는 사람의 약 80%, 간병을 하는 사람의 80에서 90%가 여자이며, 거의 여자만이 시설의 살림을 꾸려나가며 여자들이 방문객이며, 대부분의 자원봉사자도 여자다. 대부분의 노인 노동의 경우도 이와 마찬가지인데, (이것은) 몇몇 소수의 돌출 남자가 있지만 순수 여성문화이다. 또한 늙은 남자에게 아주 에로틱하게 부가될 수 있는 문화이다. 즉 치매를 앓을 경우 예전의 연인으로서도 오인될 수 있는 젊고 매력적인 여자들이 그들의 육체를 보살피고, 예전의 결혼 생활에서 알고 있었던 것 이상으로 은근하게 남자와 접한다. 혼란에 빠진 노인이 '동의'한 것으로 오인하여 간병인 여자에게 잘못이라도 한다면 그는 곧 '추잡한 늙은이'가 될 수 있다. 일, 활동, 접촉 등에 대한 제공은 대부분 여성적인 특징을 지닌 것이며, 늙은 남자는 여태까지의 삶에서 거의 하지 않았고, 자신들의 쇠약한 남성 정체성을 계속 훼손시키며 자신에 대해 스스로 조소할 수밖에 없는 능동성을 요구받게 된다. "우리는 크리스마스에 쿠키를 구워야 하고, 부활절에는 계란에 색칠하며 틈틈이 만다라를 그려서 10분 동안 빨래집게로 말려야 한다." 양로원 생활자 쉬첸도르프Schützendorf는 이런 비참한 처지에 대해 하소연한다. 완력을 요구하는 것이나 남자만이 할 수 있는 특별한 것은 예외이다. 이와 관련하여 프레드 쿤츠Fred Kunz와 쿠노 브루나티Kuno Brunatti는 그들이 노인들에게 스스로를 위해 어떤 의미 있는 것을 하도록 했을 때, 노인들이 느낀 '정신적 도약'에 대해 보고한다.9)

몇 년 전에 나는 간병 실습 중에 일기책에 다음과 같이 메모했다.

> 오전은 나에게는 너무 길어졌다. 노인에게 오전은 얼마나 긴 시간인가? 낮은 식사 시간을 제외하면 약간의 휴식이나 기분 전환을 위한 시간을 제공한다. 양로원에서 늙는다는 것은 기다림을 의미한다. 여동생을 기다리고 식사 시간을 기다리며 가끔 찾아오는 방문객을 기다리고 저녁을 기다리고 잠이 오기를 기다린다. 이러한 기다림이 가치가 있는가? (현재를 제대로 인식하기 위해 사용되는 활자가 큰 달력에 적힌) '노동은 삶의 양념이다'라는 오늘의 격언은 거의 냉소에 가깝다.

9) Kunz/Brunatti 1998.

> 기저귀 한 박스가 정리될 때, 이 순간은 몇몇 거주자에게는 환영받는 짧은 휴식을 의미한다. 나는 여기서 예전에 산업체에서 판매 부장이었던 A씨와 인터뷰를 했다. 그는 양로원 생활을 원망하고 있다. 노동으로 양념이 된 삶이 끝난 후에는 단지 10분의 기저귀 정리만이 하루의 정점이라니!

에리히 쉬첸도르프는 양로원에 거주하는 노인들에게 다음과 같은 것을 추천한다. "스포츠(Sport), 섹스(Sex), 과음(Saufen)에 대한 관심을 억제하십시오. 대문자 3S는 노인 간병에서는 만족(satt), 청결(sauber), 정숙(still)이라는 소문자 3S로 변해야 할 것입니다."[10)]

대부분의 늙은 남자들은 빨리 적응하며, 고마움을 느끼고 있고 혼란스러워한다. 노령 혼란은 또한 남자에게는 흔히 그렇게 매력적이지 못한 양로원에서의 현실을 거부하는 것으로 이해될 수 있다. 비록 나쁜 양로원과 좋은 양로원이 존재하고 있을지라도, 비록 양로원의 추문이 늘 어디서나 일어나는 일은 아니라고 할지라도 고전적 양로원은 인간답게 살기에는 부족한 시설이다. 크고 완전한 공공 기관들은 그곳 특유의 구조적인 장애를 안고 있다. 즉 그곳에서는 보통의, 다시 말해서 개인적이고 어느 정도 자기 규정적인 삶을 이끌어가는 모든 시도들이 제한된다는 것이다.[11)]

10) Schützendorf 2005, 104쪽.

11) 우르술라 코흐 슈트라우베Ursula Koch-Straube가 자신의 인종학 연구서 ≪낯선 세계 양로원*Fremde Welt Pflegeheim*≫에서 이것을 아주 인상 깊고 확실하게 입증했다.

인생이란 하나의 멋진 선택이다

'돌봐주는 주거'는 양로원에 대한 제한적인 대안일 뿐이다. 이것은 예전의 양로원, 즉 대부분 아직 정정한 노인들을 자유롭게 돌봐주는 집단 주거형태와 비슷하다. 제공 스펙트럼은 아주 광대하다. 주거 단지도 많은데, 예컨대 노인을 전혀 돌봐주지 않는 곳에서 세세한 부분에 이르기까지 돌봐주는 곳도 있고 노인 재단이 매력적이며 포괄적인 개별 주거를 허용해주는 곳도 있다. 결론적으로 말해서 '돌봐주는 주거'라는 프로젝트는 문제 있는 노인 게토에 그치는데, 거기서는 간병을 절대적으로 필요로 하는 경우에는 흔히 체류가 불가능하다.

양로원에 대한 매력 있고 미래 지향적인 대안, 즉 쉽게 파악할 수 있는 공동의 주거 형태는 이미 알려져 있고 이제 그렇게 변화되어야 한다. 그것은 바로 보살핌을 필요로 하는 사람들 8명에서 12명 정도가 함께 사는 소위 주거 공동체이다. 여기서는 공동 보살핌이라는 장점을 누릴 수 있는 동시에 큰 공공 기관이 지난 단점을 감수할 필요도 없다. 그러나 만약 당신이나 당신의 친지가 그런 양로원을 원한다면 당신은 엄청난 노력을 기울여야만 할 것이다. 왜냐하면 독일의 최소한 몇몇 연방주, 군, 면 등은 이런 양로원 모델을 여전히 선호하지 않기 때문이다.

양로원에 대한 또 다른 대안은 이미 보살핌을 전제로 한 집

단생활 형태라는 60년대식 낡은 아이디어와 연결되어 있다. '주거 마당'(Wohnhof)이라는 아이디어는 예를 들면 내부 공간에서 반(半)개방적인 광장 식으로 설계되어 있다. 거기서는 의사소통과 공동 활동이 가능한 반면, 외부적 측면은 개인적이며 보호된 사적 영역을 보장해준다. 양로원 공동체로 구상되었든 아니면 세대 포괄적인 모델로 계획되었던 간에 그런 공동의 프로젝트는 여러 가지 변형된 형태로 존재한다. 물론 수많은 프로젝트들이 부족한 토지, 부동산, 상이한 인생관 등으로, 또는 건축 구조상의 차이로 인해 계획 단계에서 좌절되었다. 그 때문에 아무것도 하지 않고 그냥 내버려 두어서는 안 된다. 좀 더 일찍 계획에 착수하고 장기적인 시야를 확보해야 하며, 다른 창의적인 경험들을 이용해야 한다. 동시에 이런 계획은 퇴직 후의 인생에 의미를 부여하고 그 의미를 충족시킬 수 있는 또 다른 프로젝트가 될 수도 있다.[12)]

물질적 안정이라는 정체성 기둥은 노년에 가치 사각형의 새로운 균형을 요구한다. 향유에 대한 기쁨이 재차 빈곤에 대한 근심으로 조장될 수 있는 냉정한 물질주의로 타락하지 않으려면, 기쁨은 자매 덕목으로서 다른 사람들을 위한 배려, 즉 이타주의를 필요로 한다. 이러한 정체성 기둥의 견고화를 위한 질문들이 다음과 같을 수 있다.

---

12) 연방협회인 '노년의 공동 주거를 위한 포럼'은 홈페이지 www.fgwa.de에서 자세한 정보를 제공하고 있다.

- 즐기면서 행하는 의무가 어디서 더 많이 찾아져야만 하는가?
- 목숨을 앗아갈 수 있는 위험으로부터 나의 안정과 안전 조치가 어디서 이루어지는가?
- 간병이 필요할 경우 사회적으로 잘 연결되어 있는 적절한 장소와 주거 환경에 내가 거주하고 있는가?
- 연장자의 안정과 자유를 지니고 보다 많은 (세대) 정의, 가치 있는 삶의 유지, 다가올 세대를 위한 활동을 어디서 시작할 수 있는가?

이 장의 마지막으로 레오 톨스토이의 이야기를 사례로 들어 보겠다. 이 이야기를 가지고 당신은 부모 자식들과 함께 '1명의 아버지가 7명의 자식을 키울 수는 있지만, 7명의 자식이 1명의 아버지는 부양할 수 없다'라는 아프리카의 속담에 대해 토론해 볼 수 있을 것이다.

섬에서 둥지를 틀었던 까마귀는 더 이상 충분한 먹이를 찾지 못하자 3마리의 새끼를 데리고 육지로 날아갈 결심을 했다. 까마귀가 첫째 새끼에게 날아갔을 때 피곤해져서 새끼에게 물었다. "내가 늙어 쇠약해지고, 네가 크고 강건해지면 너는 나를 돌봐줄 것이며 여기저기로 데려갈 수 있니?" 첫째 새끼는 두려움을 느꼈기 때문에 그렇게 하겠다고 약속했다. 까마귀는 멀리 날아가면 갈수록 더 피곤해졌다. 그는 첫째 새끼가 진실을 말하지 않았다고 생각하고 새끼를 바다에 빠뜨렸다. 두 번째 새끼에게도 까마귀는 마찬가지로 그렇게 했다. 그러나 세 번째 새끼는 아빠 까마귀의 질문에 다음과 같이 대답했다. "아빠, 저는 그렇게 못할 것입니다. 아빠가 늙고 제가 성장하면 저는 제 자신의 둥지를 만들게 되고 내 새끼를 키울 것입니다." 늙은 까마귀는 마지막 힘을 다해 다시 높이 날아 세 번째 새끼를 안전하게 육지로 데려갔다.[13]

13) 레오 톨스토이. Erich Schützendorf: In Ruhe alt werden können. Widerborstige Anmerkungen. Marbuse-Verlag 2005. 73쪽에서 인용.

5장

애도 또는 희망?

남자의 세 가지 연령

다다-블라블라-가가 Dada-Blabla-Gaga[1)]

1) 전부 의성어로, 'dada'는 어린이의 말, 'blabla'는 어른의 장광설, 'gaga'는 노인의 노망이 난 소리를 의미한다.(옮긴이주)

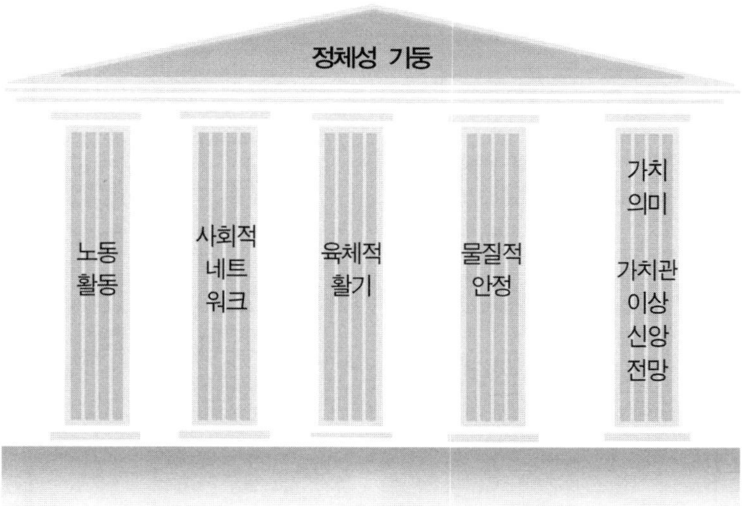

E씨는 69세로 자신이 직접 건축한 깨끗한 연립주택에서 아직 직장 생활을 하고 있는 부인과 함께 나를 맞았다. 그는 친절하고 교양 있으며 약한 억양으로 말하는 노신사이다. E씨는 1937년 루마니아에서 정착한 터키 소수민족그룹에서 태어났다. 이 소수그룹은 1942년 국경선 변화로 불가리아 영토로 편입되었다. 가족은 1949년 터키로 피신했고, 거기서 무일푼으로 4년 동안 원치 않는 피난자의 전형적 운명을 감수해야만 했다. 그는 12세 소년으로 여러 가지 날품팔이를 했으며 그들이 마침내 재회한 친척의 도움으로 집과 가구를 얻게 될 때까지 가족의 부양에 대해 상당한 부분을 책임졌다. 그 후 E씨는 전기기사 도제수업을 받을 수 있었고 야간학교에서 기능사 자격증을 취득했다. 3년간의 군복무 후인 1960년에 그 당시 사장이 그를 남부독일에 있는 전자조립회사에 일자리를 주선해주었고 거기서 그는 정년에 이를 때까지 일했다. 23세의 그는 독일어를 할 수

없었고 그 때문에 터키어만 사용되는 공동의 공장 기숙사에서 빨리 나왔다. 여러 도시에서 조립분야의 일을 한 후에 그는 35세에 기술 교육과정을 마치고 미틀러런 오스텐사(社)에서 흡족한 계약을 했다. 이 회사는 1996년에 도산했고 그는 3년간의 실직 생활 후에 62세로 연금 수혜자가 되었다.

연금 생활에 들어간 후 E씨는 새롭게 건설된 모스크(이슬람 사원)에서 전기에 관련된 일을 했고, 현재는 매주 금요일만 하고 있다. 그는 때때로 친구들에게 들러 전기를 수리해주고 아내와 산책을 하며 쇼핑과 요리도 한다. 그 밖에는 그는 주당 75시간 일하는 동안 계발시킬 수 있었던 취미가 없다. 그는 절친한 친구도 없다. 형제와 같았던 친구 한 명은 죽었다고 한다. 그 외에도 그는 은둔하며 산다고 했다. 그는 이웃이 자신을 친절하게 대해주고 소속감을 느끼게 해준다고 말했다. 그가 소년으로서 하늘을 나는 독일의 폭격기를 체험했던 이래로 그는 항상 자신을 터키인보다 독일인으로 생각하고 있다고 말했다.

E씨의 해결되지 않은 그리고 아마 거의 해결될 수 없는 문제는 노년의 주거지 문제이다. 그는 원래 독일에는 2년만 머물 계획이었다고 했다. 그는 터키로 돌아가서 자신의 회사를 설립하기 위해 기술 교육을 받았다. 생활 토대를 구축하고 전기기술자로 정말로 다시 한 번 일하고 싶었다고 말할 때 그의 눈은 빛났다. 이제 몇 년 이내에 최종적인 결정이 내려질 것이다. 부인과 그는 가장 먼저 이스탄불 근처에 있는 조그만 마을을 생각할 수 있을 것이다. 그러나 아마도 그들은 더 이상 그곳에서만 살 수는 없을 것이다. 자식들과 손자들만 없었더라면 그는 즉시 가려고 했을 것이

다. 그러나 그러는 동안에도 그들은 스스로 터키의 이방인일 것이라고 말했다.(그 동안 그들 스스로도 터키에서 이방인이라고 말한다.)

물론 그의 부인은 그의 계획을 꿈이라고 가볍게 보아 넘긴다. 그러기에는 남편의 건강이 너무 안 좋으며, 그는 안정과 휴양이 필요하다고 부인은 말한다. E씨는 치명적인 사고로 중증 장애를 겪고 있고 밤에 악몽에 시달리며 육체적으로도 불안한 상태이다. 그의 육체는 완전히 망가졌지만 외관상으로 드러나지 않는다. 만약 그가 간병을 필요로 하게 된다면 모든 점에서 양로원을 생각할 수 있다고 그는 말한다. 물론 그들이 양로원 생활을 견뎌낼 수 없기 때문에 부인은 격렬히 이것을 반대한다. 그들 둘 모두 딸이 돌봐주기를 암묵적으로 바라고 있다.

우리의 다섯 가지 기둥 모델에 따르면 다섯 기둥 중 하나라도 손상을 입으면 우리의 정체성에 의문이 제기되며, 인생관이 흔들리고 의미에 대한 물음이 제기된다. 그 때문에 앞선 장들에서도 이미 다섯 번째이며 마지막인 이 기둥에 대해 언급했다.

남성 갱년기란 없다

비록 학자들이 일치를 보이고 있지 않을지라도 나는 여자와 비교될 수 있는 남성 갱년기가 없다는 견해를 가지고 있다. 나이를 먹어감에 따라 완만하게 육체와 호르몬의 변화가 일어나지만, 이런 변화들이 어떠한 생물학적-의학적 레테르를 정당화하지는 않는다. 갱년기에 대해 점차 증가하는 의학적 진단은 의학적인 수요보다는 상업적인 수요에 그 원인이 있는 것처럼 보인다. 그러나 내면적인 사고의 변화라는 의미에서 남성 갱년기에 대해 말하는 것이 의미 있고 필요하다. 만약 남자가 더 이상 지난 해가 아닌 다가올 해를 세는 곳, 물리적인 나이와 심리적인 나이가 더 이상 파악될 수 없는 곳, 자신이 몇 살이고 싶은지 그리고 다른 사람이 이제 자신을 어떻게 보는지 점점 더 자주 생각하는 곳을 넘어섰다면 능동적으로 극복될 수 있는 관점의 변화가 기다리고 있다. 나이는 더 이상 부인될 수 없으며, 이것은 남자들이 아주 다양하게 인지하고 체험하는 위기로 몰고 갈 수 있다.

많은 남자들이 단순한 지속적 행동 또는 동일 행동의 반복을 통해 이러한 불안과 잠재적 위기를 비켜가려 하는데, 이런 현상을 의학적-병리학적으로 설명하는 것은 적절하지 못하다. 왜냐하면 그런 설명은 이유를 알 수 없는 자신의 건강 악화, 능력 저하를 재빨리 숨기거나 몇 개의 자잘한 알약으로 개선해보려는 많은 남자들의 기술 만능 주의적 육체 이해와 그 결과로 인한 소망과는 상반될 것이기 때문이다.

남자의 갱년기는 병이 아니라, 적당한 시기에 중간 결과를 확인하고 막다른 골목에서 되돌아서 경로 수정을 하게 할 수 있는 기회이다. 그러기 위해서는 의사가 아니라, 상담자, 코치 또는 정신적 카운슬러가 필요하다. 그들은 깊이 생각하기 위한 안정된 공간을 제공하고, 적절한 질문들을 제기하며 숨은 오류들을 이해하는 데 도움을 주며 성급하고 잘못된 해결책을 내리지 않도록 도와준다.

독일의 정신요법 의사인 토비아스 브로허Tobias Brocher는 노년기로 접어드는 문턱인 갱년기에 답해야 할 몇몇 질문들을 제기했다.

- 내 인생의 현 위치로 내가 어떻게 왔는가?
- 지금의 삶이 내가 원래 원했던 것과 일치하고 있는가?
- 후에 다른 길에서 확장된 목표나 바뀐 목표에 도달하기 위해 내가 오늘 무엇을 해야만 하고 무엇을 바꾸어야 하는가?
- 현재 삶의 방식을 변치 않게 지속해 나간다면 내가 어떤 희생을 감수해야만 하는가?
- 다가올 5년에서 10년 동안 내가 무엇을 필요로 하는가?
- 내가 어떤 인식을 가장 고통스럽게 감수해야 하는가? 오늘 무엇이 나를 다르게 만들 수 있으며, 회복할 수 없이 소홀히 한 것에 대한 화합을 어떻게 찾는가?[1)]

극복할 수 없는 위기

독일계 미국인인 발전 심리학자 에릭 에릭손Erik Erikson과 같은 학자는 인생의 각 단계에서 나타나는 발달 위기들은 인생을 계

1) Brocher 1985, 135～141쪽.

속 살아나가고 다음 다가올 발달 과제를 해결하기 위해 철저히 연구되어 극복되어야만 한다는 사실에서 출발한다. 이러한 비판적 요구들이 처리되지 않는 곳에서는 육체적, 혹은 정신적 손상을 입을 위험이 증가한다. 그래서 예컨대 우울증은 노년에서 가장 빈번하게 나타나는 심리적 고통인데, 대부분 너무 경미한 것으로 여겨진다. 노인들의 20%가 우울증으로 진단된다. 우울증은 생물학적-신경질환적 원인 이외에도 점점 의미를 잃어간다고 느껴지는 삶에 대한 무의식적 응답으로서 이해된다. 우리가 다람쥐 쳇바퀴 돌듯이 직장에서 흡사 의식도 없이 힘겹게 일하는 동안 우리의 육체와 정신은 이미 오래 전에 소진되어, 우리가 그것을 듣고 이해하려고 할 경우에만 우리에게 신호를 준다. 우울증은 향유와 무위도식 외에는 어떤 실질적인 의미나 깊이를 더 이상 느낄 수 없는 '직책에서 해제된' 삶에 대한 반응일 수 있다. 우울증은 긴 삶이 필연적으로 가져올 수밖에 없는 많은 손실에 대한 극복할 수 없는 슬픔일 수 있다. 결국 우울증은 의미 있는 완성을 성취하지 못하고 어떤 내적인 평화도 느낄 수 없게 된 삶의 결과에 대한 응답일 수 있다. 우울증은 늙은 남자의 경우 여자보다도 더 자주 등장하며 흔히 다르게 나타난다. 즉 남자들은 자신들의 의기소침을 여러 가지 형태로 공격적으로 발산하려는 경향을 지니고 있다.

이런 배경 하에서 늙은 남자들의 아주 높은 자살 경향을 이해할 수 있다. 75세에서 80세 사이의 남자의 자살률은 젊은 남자들보다 3배나 높으며, 85세 이상은 4배나 높다. 75세 이상 남자의 자살률은 25세 이하의 남자들보다 11배나 높다. 65세 이상 남자의 자살률은 여자의 자살률을 2.5배나 초과한다. 젊은 남자의 경우 자살 시도와 성공의 비율이 10대 1인 반면에 노인의 경우 2대 1이다. 늙은 남자는 총으로 쏘거나 목을 매달거나 높은데서 뛰어 내림 등과 같이 확고하고 급진적인 방법을 선택한다. 또한 불투명한 많은 교통사고와 그 유사한 것이 흔히 굳은 결의를 생각하게 한다. 그 밖에도 의사의 지시를 무시한다거나 (예컨대 당뇨병의 경우) 잘못된 영양 섭취, 그릇된 음주 습관[2] 또는 많은 양로원 입주자들의 위장된 '단식 투쟁' 등과 같은 잠재적 자살 의도도 나타난다.

정체성 기둥에서 많이 묘사된 손실인 남성 정체성의 다양한 상심들이 이렇게 높은 자살률을 설명할 수 있다. 또 다른 원인으로 다음과 같은 것을 들 수 있다. 만성적이며 치료될 수 없는 질병, 유감스럽게도 종종 너무 사소한 것으로 치부되고 완화되어버리는 견딜 수 없는 고통, 우울증 외에도 다른 심리적 질병, 고립과 고독, 이미 예견되었지만 끝내 극복해내지 못한 배우자의 죽음, 간병이나 치매에 대한 두려움, 탈출구가 없는 간병 상황에서 제어력 상실, 부끄러움, 학대, 예컨대 양로원 같은 곳에서 자유와 자율의 상실, 심각해지는 물질적 가난(에 대한 두려움).

끝으로 노인은 점점 부정적으로 빠져드는 사회적 비용 혹은

2) 알코올 중독증을 보이는 노인의 약 3분의 2가 60세가 넘어서 알코올 중독증이 생긴 경우다.

이용 문제에 처해 있다. 즉 안락사가 점차 다시 수용될 수 있으며 정상적인 것으로 고려된다면, 독일 민족의 소위 '고령화'[3], '연금 생활자 공급 과잉', '사회 타협적인 죽음' 등에 대해 경솔하게 언급된다면, '해결될 수 없는 연금 문제', 소위 값비싼 연금을 통해 야기된 의료보험의 과도하게 높은 부담[4] 등이 매일 새롭게 언급된다면 어떻게 할 것인가 등의 문제를 눈앞에 두고 있는 것이다. 남자의 정체성이 의미하는 모든 것이 상실되는 곳에서 자살은 남성적 자화상의 중심 구성 요소인 자율을 쟁취하기 위한 투쟁에서 최후의 행동으로 이해될 수 있다.[5]

정신줄은 어디에?

우리의 정체성에 대해 가장 치명적인 것은 아마 치매, 정신줄을 놓아버린다는 두려움일 것이다. 비록 "나는 나이가 많을 뿐이지, 정신은 말짱하다"라는 노(老) 알베르트 슈바이처의 친절한 암시가 대부분의 노인들에게 적용된다고 할지라도, 나이가 들어감에 따라 '알츠하이머'[6]에 걸릴 확률은 높다. 80세 이하

3) 매체의 공식보도는 '고령화'라는 개념과 같이 이데올로기적인 개념화로 가득 차있다. '건강한', '평범한' 노년의 구성이 무엇인지 그리고 '고령화'가 무엇인지 어디서 정의되는가? 우리가 100년 전 같은 연령 피라미드를 지니고 있다면 다시금 그 당시의 높은 아동 사망률에 찬성하고, 독일과 세계의 또 다른 인구과밀에 대해 대단히 건전치 못한 기여를 할 수 있을 것이라는 사실은 이론의 여지가 없다.

4) 건강을 유지하기 위한 높은 비용은 나이가 아니라 죽음과 관련되어 있다. 특히 나이와는 전혀 상관없이 생의 마지막 해에 비용이 많이 든다.

5) Neutzling, 2003, 38쪽.

6) '알츠하이머병'은 비록 노년의 치매성 기억력 감퇴 가운데 가장 빈번하게 나

노인의 경우 5%가 치매를 앓고 있는 반면에 85세 이상 노인의 경우 치매 가능성은 이미 25% 이상으로 상승한다. 알츠하이머는 여전히 불치의 병이며 기껏해야 병을 완화시켜 되돌아 올 수 없는, 죽음으로 인도하는 병의 진전을 단지 몇 개월 정도만 지연시킬 수 있을 따름이다.

노인성 치매는 당사자는 물론 그 가족들에게도 많은 고통, 좌절, 절망을 안겨준다. 치매 환자의 경우에는 대부분 초기 단계에 질병 징후가 뚜렷하게 나타나고 더 이상 정상적인 노인성 기억력 감퇴라고 얕잡아볼 수 없을 때 그렇고, 환자 가족의 경우에는 종종 견디기 힘든 변덕이 늘고 남편이 아내를 더 이상 알아보지 못하며 종국에는 가련한 '간병 대상자'에 지나지 않게 될 때 그렇다. 주지하다시피 신속한 타개책이 치매 연구에 요망된다. 그러나 노인 치매는 지식 생산이 점점 더 빨라지고 지식의 반감기(半減期)는 점점 더 짧아지는 시대의 질병으로도 해석될 수 있다. 이런 시대에는 노인의 경험이 가치 없어 보이고 사회적으로 중요하지 않으며 폐차장에서나 쓸모가 있을 따름이다. 작가인 게르하르트 쾨프는 이런 현상을 '정신의 자가 퇴직'이라 말한다.

이러한 지적인 직위 해제와 방출은 다른 한편으로는 삶의 종말을 향해 늙어가는 정신에게 생각이 어딘가 다른 곳에 있을

타나는 질병이긴 하지만, 한 가지 형태의 질병에 지나지 않는다.

가능성을 열어줄 수 있다. 소위 노인성 혼돈은 재차 직접 또는 간접적으로 그들이 젊은 시절에 집착하고 있으며, 잊어버린 것과 무의식에서 나온 트라우마를 다시 꺼내어, 과거의 아름다운 것, 살 보람을 느꼈던 것, 사랑스러웠던 것 등을 추억하고 거기에 대해 기뻐하고 있음을 인식하게 한다. 청년 시절을 기억하는 노인은 젊은 간호사의 모습에서 첫사랑을 발견하고, 어린 소년 시절로 돌아간 노인은 어머니로 오인된 아내의 모습에서 위로와 보호를 찾는다. 치매는 특히 오늘날의 노인들에게 맑은 정신으로는 굳게 닫힌 내면세계로의 입장을 허락한다. 그래서 우리가 삶의 완성과 평화로운 죽음을 위해 필요한 인생 테마에 대한 작업을 완수하는데 도움을 줄 것이다.[7)]

아마도

기억
그것은
아마도
망각의
가장 고통스러운 종류
그리고 아마도
이 고통을

7) 점점 예전의 단계로 기억을 되돌리는 과정은, 그 과정이 치매 과정의 틀 내에서 가능할 수 있는 것처럼, 마르틴 주터Martin Suter가 자신의 ≪알츠하이머 범죄 사건*Alzheimer-Krimi*≫, ≪작은 세계Small World≫에서 서술했던 것처럼 아주 긴장되고 정확한 전문지식을 바탕으로 하고 있다.

줄이는데
가장 친절한 종류임을

에리히 프리트Erich Fried[8)]

그렇게 가정에서, 또는 경우에 따라 죽음에 이르는 대기실로 생각될 수도 있는 양로원에서 노인이 느끼는 수많은 무(無)전망성에 직면하여 그런 종류의 풍족한 내면생활이 외부의 현실보다는 더 가치가 있을 수도 있다. 그것은 모든 것이 계속되는 '현실 중심의 트레이닝'보다 더 매력적으로 보인다. 우리는 노인들이 경험하거나 고통 받는 것을 실질적으로는 알지 못하며 계속 해석이나 추측에 의지한다. 그러나 우리는 그런 해석으로 치매를 탈(脫)마성화할 수 있고 아마도 치매에 대한 두려움을 감소시킬 수도 있을 것이다. 치매는 종종 우리의 남성적인 기술 만능주의로 병을 다루면서 나타나고, 우리는 그것이 우리에게 오는 다른 발전 가능성을 차단하고 있는 것처럼 여기지만, 우리는 어떤 상황에서도 치매를 더 이상 제거해야 할 대상으로 둘 필요가 없다. 끝으로 노인성 치매는 걸린 사람 모두를 죽음의 공포로부터 도피시켜줄 수도 있다.

오늘날의 늙은 남자는 아마도 우리 젊은 세대보다도 더 많은 것을 이겨내야만 할 것이다. 그들은 전쟁에 참여했거나 또는 전

8) Erich Fried, <아마도Vielleicht>. 출처 : ≪그것이 현재의 상황이다*Es ist was es ist*≫, ⓒ Verlag Klaus Wagenbach, Berlin 1983, 재판 1996.

쟁 속에서 태어났거나 실향민으로서, 전쟁을 직접 경험하지 못한 우리는 아마 공감할 수 없는 방식으로 트라우마를 겪고 있다. 오늘날 심리학자와 임상 의사들이 큰 재앙의 희생자들이 계속 생활해나가는 것을 후원해주기 위해 그들을 도와주는 곳에서, 우리의 아버지들과 할아버지들은 자신들의 일부 극단적인 트라우마 체험을 지니고 완전히 홀로 내버려진다. 전쟁과 포로 생활에서 돌아왔을 때 그들은 패배자로서 굴욕감을 느끼고 일부는 삶의 의욕을 상실한 채 그들 스스로 다시 자신의 자리를 마련해야만 하는 여성 세계로 들어간다. 시선은 앞으로 향해 있고, 남자는 잊어버리길 원하고 잊어야만 한다. 여자들은 대부분 옛날 전쟁 이야기에 관심이 없거나 그것을 이해할 수도 없다. 더군다나 그들도 자신만의 흔히 가볍지 않은 끔찍한 체험들을 했었다. 그래서 남자의 전쟁 이야기들로부터는 심리적 부담이 없는 '단골손님 모임에 적합한 대화주제'[9]만이 요약되어 언급되었다. 아들들 또한 그들의 파트너가 될 수 없다. 1968년의 시위 후에 태어난 세대는 더 말할 나위도 없다. 그래서 전쟁 관여자의 삶에서 감정적으로 가장 집중적이며 감명을 주는 시간은 터부시되며, 이것은 그들에게는 일생 동안 처리되지 않은 저당일 뿐만 아니라, 그들의 자식인 우리에게는 전기적 의미에서 여전히 아주 과소평가된 유산[10]임을 의미한다. 오늘날 늙은 남자

9) 전쟁에 대한 기억이 종종 긍정적인 것으로 나타나 보이는 것은 지울 수 없는 나치적인 사고가 아니라, 우리의 뇌와 관련 있다. 즉 유일하고 인상 깊은 체험은 수백 가지 일상적 기억을 지워버릴 수 있다. 또한 인간의 기억은 주제를 찾아 삶의 의미를 전달하도록 변형하려는 경향을 지니고 있다.

10) 치료 요법에서 가족 편성을 살펴보면, 경우에 따라 아버지의 이런 처리되지

는 그들의 전쟁 이야기를 배재하고서는 이야기할 수 없다.

우울증, 자살, 치매는 노년에서 실패한 위기극복의 표현일 수 있다. 내용이 없고 무의미하게 되어버린, 아마도 물질적 또는 육체적인 것만 여전히 붙잡고 있었던 노년은 정신 착란으로 도피할 수 있다. 정신 착란은 그 어떤 형태의 추구로 행운을 발견한다고 믿거나, 또는 광기의 자폐증적인 구조로까지 상승한다.

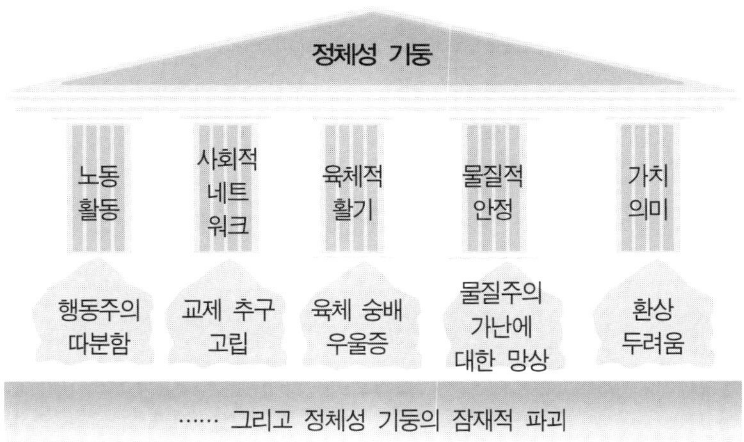

정신 착란은 그것의 뒷면, 무의미성, 공허, 두려움 등을 억압할 것을 약속해준다. 그것은 우리 정체성의 다른 기둥들이 약해져서 유지 못할 정도로 위험해진다면 우리들을 특히 제압하려 위협하는 두려움이다.

않은 트라우마가 아들의 삶에 여전히 중요한 역할을 할 수 있음을 알게 된다.

이제 영웅인 척하지 않아도 된다

치매 사례가 보여주듯이 노년의 부정적 측면은 패배와 감퇴로 해석될 뿐만 아니라, 종종 기회와 이익으로도 간주될 수 있다. 뒤늦은 자유인 노년은 남자에게 많은 것을 결국 내버려두게 하고 더 이상 영웅인 척할 필요도 없다는 것을 의미할 수 있다. 남성적 성 역할의 수갑을 약간 느슨하게 할 수 있고 심지어는 벗어버릴 수도 있을 것이다. 남자는 더 이상 모든 것을 함께하거나 할 수 있을 필요가 없다. 농담이 아니라 좀 더 자주 다음과 같이 말할 수도 있다. “내가 그것을 하기에는 좀 늙었지!” 남자는 (남자다움을 보여주기 위해) 더 이상 인라인 스케이터를 착용할 필요가 없고, 그럼에도 불구하고 자신의 육체적인 활동 가능성을 즐길 수가 있다. 남자는 65회 생일에 더 이상 번지점프를 할 필요가 없고, 그럼에도 불구하고 계속되는 도전에 긴장할 수 있다. 남자는 젊고 매력적인 여자를 더 이상 정복할 필요는 없고, 그럼에도 불구하고 자신의 현재 모습을 향유할 수 있다. 남자는 더 이상 할리 오토바이[11]를 타고 젊은이들과 경주할 필요가 없고, 그럼에도 불구하고 자신의 기동성을 계속 즐길 수 있다.

노년의 상실을 외부적으로나 내부적으로 잘 극복하기 위해서는 베를린의 노인 연구에서 입증되었듯이, 선택, 낙천, 보상이라

11) 미국의 대형 오토바이.(옮긴이주)

는 세 가지 전략의 합작이 도움을 많이 준다. 나는 내가 아직 할 수 있는 것으로 제한한다. 나는 가능한 한 이것을 잘 하기 위한 적절한 수단을 찾는다. 이것이 더 이상 이루어지지 않는다면 나는 새로운 길을 찾는다. 80세의 아르투어 루빈슈탄인Arthur Rubinstein의 사례에서 이러한 원칙들이 분명해진다. 그는 자신의 레퍼토리를 축소했으며, 이것을 위해 예전보다 더 많이 연습했다. 그가 예전만큼 그렇게 빨리 할 수 없기 때문에 특히 빠른 통로에서는 속도를 줄여서 대조적으로 점차 충분히 빠르게 느끼는 효과를 가져왔다.

우리는 점점 더 나이라는 존재가 없는, 전통적인 나이 한계나 나이의 특징이 점점 없어지고 나이가 단지 쇠약해진 젊음으로 여겨지는 도리안 그레이 사회12)로 나아가고 있다. 60년대에 청소년이 여전히 짧은 바지, 성인이 양복과 넥타이를 통해 상징되었다면 오늘날 아버지와 아들은 차이가 거의 없다. 늙은 남자가 운동화, 청바지, 티셔츠를 입고 활동해도 사람들은 그것을 꼴불견으로 여기지 않는다. 이것은 예전 세대들의 복장 강요와 비교해보면 커다란 자유이다. 그렇지만 사람들은 이것을 위해 지속적인 개인 결정이라는 대가를 치러야만 한다. 왜냐하면 나이와

12) 오스카 와일드의 장편소설 ≪도리안 그레이≫에서 유래한 용어다. 주인공 도리안 그레이는 아름다운 외모와 부와 젊음을 모두 갖춘 행운아이다. 하지만 그는 젊음에 매료되어 영원한 젊음과 영혼을 맞바꾸게 된다. 화가 바질 홀워드가 그린 자신의 초상화가 대신 늙고, 자신은 영원히 젊음을 유지하게 해달라는 소원은 이뤄지지만, 대신 도리안 그레이의 영혼은 점차 타락해가고, 그에 따라 초상화는 점점 더 추악하게 변해간다는 내용이다.(옮긴이주)

아무 상관이 없다는 것은 단지 하나의 가설에 지나지 않기 때문이며, 젊은이 특히 청소년은 예나 지금이나 무엇이 나이에 걸맞고, 무엇이 걸맞지 않은지 육감으로 알고 있기 때문이다. 우리는 내면적으로 우리에게 일치하는 것이 무엇인지, 우리가 단지 청소년에게 뒤지지 않으려고 노력함으로써 우리들을 늙은 바보로 웃음거리로 만드는 곳이 어디인지 끊임없이 검토해보아야 한다. 우리는 노인의 일반적인 베이지화하기[13]에 전염될 필요는 없지만, 경우에 따라 우리가 (다른 사람들의 눈에는) 우리 자신이 느끼는 것보다는 훨씬 더 늙었다는 사실을 상기해야 한다.

전혀 다른 삶을 살아보자

고집스런 남자의 역할 강요와의 작별은 노년에서 성 역할 차이 또는 남자의 역할 바꿈을 통해 지원된다. 몇몇 노인학적이며 발전 심리학적인 이론들은 남성적인 육체적-정신적 할당과 여성적인 육체적-정신적 할당이 점차 통합되어가는 암수 한몸화를 서술하고 있다. 남자의 성 호르몬인 테스토스테론이 감소하고 여자의 대응물인 외스트로겐이 증가한다. 테스토스테론-외스트로겐-관계는 젊은 남자의 경우 50:1이지만, 노년에서는 10:1로까지 줄어들 수 있다. 즉 남자와 여자는 노년에 접어들면 호르몬에서 유사해진다. 그래서 베를린의 노인 연구에서도 다음과 같은 사실이 관찰되어졌다. "나이가 들어감에 따라 여자에게서

13) 나이가 들어감에 따라 노인들은 더 이상 눈에 띄길 원치 않는 것 같은 느낌을 주는 베이지색을 선호한다.

남성 차원에 속하는 행동상의 특징들이 관찰될 수 있고(예를 들어 단언[=규정/관철 능력], 우성(優性)), 반면에 남자들은 여성적인 행동상의 특징을 보여주는 방향으로 발전되고 있다(예를 들어 감상적인 따스함, 다른 사람을 배려하려는 의도).”14) 경우에 따라 노인에 대한 조롱의 표적인 것이-우성적인 아내와 그녀에게 끌려가는 유약하며 의지가 없는 남편-감정이나 태도의 레퍼토리를 풍부하게 해줄 수 있고 노년의 남자에게 아주 새로운 체험과 접촉의 가능성을 열어줄 수 있는 성격적인 부드러움과 감상적인 풍요로움으로 진전될 수 있다. 이것은 “마치 여자와 남자가 성 특징적인 일방성이라는 망명 생활에서 귀환하는 것”15)과 같다고 요아힘 케딩이 말하고 있다.

또한 그 때문에 할아버지들은 손자들을 돌보면서 아버지 역할에서만 가능했던 것과는 다른 면을 보여줄 수 있고 그 역할을 마음껏 누릴 수도 있으며, 손자들은 자신들의 아버지보다 할아버지에 대해 흔히 더 부드러운 관계를 발전시킬 수 있다. 점점 전체적으로 되어가는 늙은 남자는 젊은이들에게 아무런 의견도 수용하지 않고 자신의 견해만 단호하게 밀어붙이지 않는 한 그들의 인기 있는 멘토가 될 수 있다. 오디세우스의 친구이며 아들 텔레마흐의 후원자인 멘토라는 신화적 인물에는 그리스 여신 아테네가 숨어 있었다. 따라서 멘토는 남성적 특성과 여성적 특성을 하나로 통합하고 있으며 주지하다시피 바로 그

14) Meyer/Baltes 1999, 578～579쪽.
15) Keding 2002a.

때문에 그 젊은 남자(텔레마흐)에게 든든한 발판과 나아갈 방향을 제시할 수 있다. 청소년은 자신들에게 모범이 되며, 자신들이 나아갈 갈을 제시해주며, 자신들에게 태도, 가치, 방향 제시를 중개해주는 연장자를 필요로 한다. 동시에 선(禪)의 지혜 이야기의 경우에서처럼 이것은 아마도 정답이라기보다는 청소년에게 그들 자신의 고유한 사고를 지니게 하기 위한 생산적으로 혼란스럽게 만드는 자극을 주는 유익한 (반대)질문일 것이다. 클라우스 외르너의 견해에 따르면 나이가 들어감에 따라 우리는 자기 스스로 결정하는 것을 멀리하고 다른 사람들을 생각할 수 있는 관점으로 바꾸어야 한다. 왜냐하면 심리 치료사인 위르크 빌리가 언급했듯 그 사람 자체를 기다리는 것이 아니라, 그 사람이 할 수 있는 무언가를 기다린다면 그 사람은 사회적으로 죽은 것이기 때문이다. 50세를 넘긴 모든 남자는 젊은이의 멘토가 되어야 한다.

나이는 장애물인가

늙었다는 것은 시간에 대한 다른 관계를 발전시키는 것을 의미하기도 한다. 시간이 젊은 시절에는 경주에서 흔히 패하곤 했던 적수였다면, 이제 시간은 새로운 친구가 될 수 있다. 시간이 점점 빨리 흘러가는 것은 확실하고 우리는 단지 비애를 느끼며, 첫 번째 강림절과 크리스마스 사이의 4주가 우리에게 1년처럼 여겨졌던 어린 시절을 회상할 수 있을 따름이다.[16] 즉 우리는 시간에 대해 새로운 관계로 접어들 수 있다. 만약 우리가 항상 약속 시간으로 가득 찬 달력을 자랑스럽게 여기는 '불안 상태'에 몰두하지 않는다면, 느림의 기쁨과 새로운 관점을 발견하기 위해서 우리는 슬로푸드 운동과 슬로라이프 운동을 시작할 수 있다(후자에 대한 근거는 아마 후에 들 수 있을 것이다). 우리는 점점 느려지기도 하지만 시간을 점점 더 많이 가져야만 한다. 왜냐하면 우리의 육체는 나이가 들어감에 따라 점점 더 많은 주의력을 요구하고, 우리는 예전처럼 그 많은 것을 더 이상 동시에 해결할 수 없기 때문이다. 그래서 우리는 그 언젠가 하나로 가는, 즉 '천리길도 한 걸음부터'[17]라는 철저한 집중이라는 선(禪) 사상에 다가간다. 예컨대 옛날에 걸음마를 배웠고 이젠 마이스터가 된 것과 같이 모든 것을 우리는 예전에 배웠다. 느림에는 예전의 바쁨 속에서 간과한 것을 인지하고 즐길 새로운 기회가 놓여 있다.[18]

독일의 사회 심리학자인 크리스텔 샤흐트너Christel Schachtner는 이 시기의 기능을 "노년은 어울리지 않았던 것, 고집, 기분 내키는 대로 행동하는 성격 등과 충돌하게 된다. 즉 노년은 매일매일 일어나는 우리의 작동 의무나 의지를 방해할 수 있다"라고 해

16) 이 때문에 인생의 중간을 40세 또는 50세 생일에 축하하지 않고 늦어도 30세 생일에 축하한다. 왜냐하면 그 후에 오는 시간은 2배나 빠르게 흘러가버리기 때문이다.

17) 원어로는 Ich gehe, wenn ich gehe '가게 된다면 걸어서 간다'는 의미이나, 문맥에 맞게 의역했다.(옮긴이주)

18) 이것을 아직 모르는 사람은 스텐 나돌니Sten Nadolny의 ≪느림의 발견*Die Entdeckung der Langsamkeit*≫을 읽어보라. 이 책은 얼마 전까지만 해도 비방 받았던 특성 즉 '느림'에 대한 새로운 시선을 열어준다.

석한다. 느림에는 우리가 속도의 시대에 인간적인 것의 마지막 한도를 잃지 않도록 해주는 노년의 창조적 빗장이 놓여 있다. 청소년의 시간 단위와 결별하면 다음과 같은 사실들을 이해하게 된다. 예컨대 빠름뿐만 아니라 느림과 같은 다른 요소들도 교통을 안전하게 하는 데 기여할 수 있고, 슈퍼마켓 체인점 앞에 늘어선 줄에서 다시 느림이 필요하며, 일상생활을 손쉽게 만들어주는 기술적 도구도 정말 느림에 기여할 수도 있다. 노인이 살기에 적합한 세계는 결국 사람이 살기에 적합한 세계일 따름이다. 독일의 신학자인 풀베르트 슈테펜스키Fulbert Steffensky는 "노인, 병자, 장애인이 눈에 띄게 되는 사회에는 정말 다루기 힘들거나 무질서한 것들이 있다"라고 말했다. "그런 사회는 인간의 목표가 유용성이 아니라는 사실을 알고 있다. 그러나 이것은 인간성의 기본 지식이다. 즉 어떤 인간도 목적 때문에 존재하지는 않는다는 것이다."[19)]

노인들은 젊은이들로부터 대부분 더 이상 질문을 받지 않기에 입을 다물 수밖에 없다. 아마 그들은 자신들이 생산적 장애를 지니고 있음을 알고 있지만, 많은 장소에서 질문을 받지도 않으면서 개입할 것이다. 지속적인 속도, 세계의 경제화와 파괴에 반대하며, 생태학, 평화, 세대 정의 등을 위해 일하려는 사람들과 연정을 하기 위해 때늦은 자유를 이용한다. 조지 버나드 쇼George Bernard Shaw의 견해에 따르면 미래가 자신들에게는 아무런

19) Steffensky 2006.

관련이 없다고 느끼기 때문에 위험하기 짝이 없는 다수의 늙은 남자들에 대해 우리는 젊은이와 함께 그들에게 저항한다.

검은 리본이 건네는 희망

인간의 죽음 그리고 사랑했던 것들의 상실을 애도하며 그것을 이겨내고, 우리 인생을 완성하고 죽음 후에 우리에게 올 수도 있는 그 무엇인가를 준비하는 데 몰두하기 위해 우리는 노년에도 많은 시간이 필요하다. 우리가 가지고 있는 것을 언젠가는 완전히 놓기 위해서는 놓을 수 있다는 생각을 훈련해야 한다. 왜냐하면 죽어가면서도 많은 사람들은 남성적인 '행동과 소유'에 더 많이 집착하고 '놓아주는 것과 존재'에 관심을 더 가지는 것처럼 보이기 때문이다. 호스피스 전문가인 게오르크 린네만은 죽어가는 남자들을 관찰한 뒤 다음과 같이 말했다. "남자들은 자신들에게 다가온 생의 종말이라는 사실에 직면하여 종종 과도한 부담을 갖고 있는 것처럼 보인다. 여자들은 죽음의 과정이나 죽음에 대해 체념하고 자신을 내맡기는 반면, 남자들은 생의 이런 국면에도 무언가와 투쟁하려는 성향을 지닌다. 죽음 바로 직전까지도 남자들은 여자들보다 매사에 훨씬 더 활동적이며, 텔레비전을 보고 소파에서 죽는 경우도 드물지 않고, 심지어는 신문을 손에 들고 죽음을 맞이하기도 한다."[20]

---

20) Linnemann 2005.

그러나 죽기 전에, 정말이지 항상 미미한 죽음에 지나지 않는 크고 작은 수많은 이별 외에도 헤르만 헤세가 자신의 이별과 출발을 표현한 시에서 아름다운 단어로 나타내고 있는 것처럼 마지막 숨을 내쉴 때까지 새로운 출발과 추가로 얻을 수 있는 것이 나타나길 희망한다.

단계

꽃이 시들고 청춘이
나이에 굴복하는 것처럼, 생명은 단계별로 일어난다.
현명함도 만개하고 청춘도
자기 시대를 지니며 영원히 지속되지는 않는다.

생명의 모든 단계에서 심장은
이미 이별을 해야 하고 새롭게 출발해야 한다.
용감하게 그리고 슬픔을 누르며
다른, 새로운 결속으로 가기 위해.
그리고 모든 시작에는 마술이 내재해 있다.
우리를 지켜주고 우리가 살아가는 데 도움을 주는.

우리는 즐겁게 공간에서 공간으로 나아가야 한다.
고향처럼 어떤 곳에 고정되어 있지 않고,
시대정신은 우리를 붙잡거나 목을 조르지 않을 것이다.
그것은 우리를 한 단계 한 단계 끌어 올리고 넓힐 것이다.

우리는 하나의 생활 범위에서 편안함을 거의 느끼지 않는다.
그리고 아늑하게 거주한다는 것은 창조를 위협한다.
돌파하여 여행할 준비가 되어 있는 사람만이
마비 상태의 습관을 빠져 나올 수 있을 것이다.

죽음의 순간에도 아마
젊음에 비교되는 새로운 공간을 우리에게 보낼 것이다.
우리에게 향한 생명의 외침은 결코 끝나지 않을 것이다……
자, 심장이여, 작별하고 건강히 다시 만나자![21]

나이는 전체 삶처럼 자신의 밝은 면과 어두운 면을 지니며, 독일의 심리학자이자 노인 연구학자인 파울 발테스Paul Baltes가 말한 것처럼 "검은 리본이 건네는 희망"이다. 그것은 아주 힘든 것이긴 하지만 동시에 "사람들이 시작이 무엇인지 배운 것을 잊어버리지 않는다면", 마틴 부버가 표현한 바 있듯이, "멋있는 일"일 수도 있다.

클라우스 되르너는 나이를 다음과 같이 정의하고 있다. "생각의 50%가 과거에 있는 사람은 늙었고, 최소한 생각의 50%가 미래에 있는 사람은 젊다." 그리고 더 이상 다가올 기쁨이 없는 사람, 전망이나 프로젝트가 없는 사람은 실제로 늙었다. 이런 방식으로 나이에 대해 나름대로 종지부를 찍었던 아우슈비

21) <단계Stufen>. 출처: Hermann Hesse, ≪전집 10권: 시*Sämtliche Werke, Band 10: Die Gedichte*≫. ⓒ Suhrkamp Verlag, Frankfurt am Main, 2005.

츠 생존작가인 장 아메리Jean Améry는 나이를 다음과 같이 서술한다.

“인간의 삶에서 시간이라는 한 점, 또는 수학적으로 정확히 표현하면 단지 자신이 현재의 자신에 지나지 않는다는 사실을 발견한 한 점의 주변 지역이 존재한다. 그래서 그는 갑자기 세계가 그에게 더 이상 미래라는 신용을 허용하지 않으며, 그가 미래의 누구일 수도 있다는 것으로 그를 보는 것을 더 이상 허락하지 않는다는 사실을 인식하게 된다. 여전히 그에게 열려 있다고 믿었던 그 가능성을 사회는 그로부터 만든 그림으로 더 이상 생각하지 않는다. 그는 잠재성이 없는 피조물이다. 아무도 그에게 ‘너는 장차 무슨 일을 할래?’라는 질문을 하지 않는다. 모두가 ‘너는 그것을 이미 이루었다”라고 냉정하고 확고하게 단언한다. 다른 사람들은 결과를 확인하고 그에게 현재의 그가 누구인지 결산표를 제시한다.”22)

인간의 삶은 지난 세기에 점점 더 길어졌지만, 동시에 우리의 전체 수명은 끝없이 줄어들었다. 이러한 사실에 대해 스위스의 역사학자인 아르투어 임호프Arthur Imhof가 지적하고 있다. “왜냐하면 몇 세대 전에만 하더라도 우리 조상의 대부분은 부활과 영생을 믿었기 때문이다. 보다 정확히 말하자면, 우리는 그 동안 지상에서의 수명을 두세 배로 늘였지만, 영생에 대한 믿음을

22) Améry 1968, 65쪽.

여러 방면에서 잃어버렸다. 지상에서의 단편적 삶이 우리에게 남은 모든 것이다. 상대적으로 궁핍하기 짝이 없는 찌꺼기에 지나지 않는다."[23] 그래서 저승에서 계속되는 삶에 대한 믿음을 지닌 노년에 증가하는 종교성은 죽음에 대한 두려움을 감소시킬 수 있으며, 이승에서 해결하지 못한 것, 불완전하고 부당한 모든 것들과의 화해를 손쉽게 할 수 있다. 죽음으로 모든 것이 끝나지 않은 사람, 영적 또는 우주적인 초월성을 믿는 사람은 희망을 품고 죽을 수 있다.

이렇게 해서 우리는 노년의 마지막 다섯 개의 가치와 발전 사각형에 도달한다. 착각으로 도피하거나 (죽음의) 두려움으로 빠져드는 대신에 이별하는 삶과 이상과 희망을 지닌 삶 사이의 제대로 된 균형이 결국 중요하다.

심리 치료사인 한스 옐로우쉐크는 우리의 정체성 5기둥을 노년에도 유지하기 위해서 우리가 할 수 있는 것을 여섯 가지 과제로 요약하는데 이 과제들은 늦어도 인생의 후반기에는 시작해야 할 것들이다.

- 육체와 건강을 돌볼 것
- 자신만의 정신세계를 개방할 것
- 사물을 맛보고 느낄 것
- 자신만의 꿈을 현실화할 것

23) Imhof 1996, 326쪽.

- 개인 간의 관계를 잘 유지할 것
- 단순한 만족에서 가치 있는 것으로 도달할 것[24)]

자세히 살펴보면 이런 발전 과제들은 물론 서로 배타적인 노년 주제들이 아니고 결국에는 전체적인 삶에서 도달하게 되는 것을 묘사한다. 노년에는 남성 존재에 대한 평생에 걸친 질문들이 보다 명확한 윤곽으로 드러나며 불가피한 것으로 된다. 그 때문에 우리는 어떤 안티 에이징 운동이 아니라 "오늘을 제대로 살아라!"라는 짧은 표현에서 잘 드러나고 있는 명쾌한 프로 에이징에 대한 고백을 필요로 한다.

[……]
아무도 늙지 않을 것이다,
모두가 몇 년은 살아왔기 때문에;
자신의 이상에게 안녕을 고한다면
그 경우에만 늙을 것이다.
피부는 세월로 주름이 생긴다,
그렇지만 정신은 열정을 단념함으로써 주름이 생긴다.
걱정, 의심, 자기 신뢰에 대한 결핍,
두려움과 희망이 없음,
이런 것들이
머리를 땅으로 떨어뜨리고
올바른 정신을 먼지로 굴복시키는 긴 세월이다.

24) Jellouschek 1996, 163～168쪽.

[……]

너는 너의 신뢰처럼 젊고,

너의 의심처럼 늙었으며,

너의 자기 확신처럼 젊고,

너의 공포처럼 늙었다.

너의 희망처럼 젊고,

너의 낙담처럼 늙었다.

[……]

날개가 아래로 향해 달려 있을 때

그리고 네 심장의 내부가

염세주의라는 눈(雪)과

냉소주의라는 얼음으로 덮여 있을 때

그 때 비로소 너는 정말 늙게 된다.

(알베르트 슈바이처)[25]

25) Albert Schweitzer, 출처 불분명.

에필로그 : 내가 여든네 살이 되면

늙어간다는 것은 전혀 나쁘지 않다,
대안을 염두에 두고 있다면.
모리스 세발리어 Maurice Chevalier

자신의 몸으로 한 번도 체험하지 못한 것에 대해 어떻게 설명할 수 있는가? 나는 53세로 비교적 나이가 들었다. 그렇지만 85세 노인들의 눈에는 자기가 무엇에 대해 이야기하는지도 제대로 모르는 아직 새파란 젊은이에 지나지 않는다. 내가 비록 20년 전부터 노인학을 주제로 연구해왔을지라도, 늙은 남자의 육체로 노년의 현명함과 성숙한 영혼을 지니고 살아가는 것이 어떤 느낌인지 나는 모른다. 그렇기에 많은 것들이 잠정적이고 회의적이며, 당연히 나의 개인적인 나이와도 뚜렷이 관련된다. 노인학은 노년과 노화를 연구하는 학문이다. 나는 아직 노인이 아니지만[1], 이미 53년을 보냈고 그 때문에 최소한 부분적으로

1) 비록 임마누엘 칸트Immanuel Kant가 자신의 50회 생일날에 "존경하옵는 노인"

나마 내가 당신에게 다음과 같은 사실을 어떻게 관여했는지 이야기할 수 있을 것이다.

나는 1954년 경제 기적의 시기 한복판에 태어났다. 낡은 것, 살인, 파괴 등을 여전히 많이 볼 수 있었고, 여기저기에 폭탄으로 파괴된 슈투트가르트의 마지막 잔해, 다리나 팔이 없는 상이군인들도 눈에 띄었다. 그러나 시선은 전방을 향해 있었고, 모든 남자들이 필요했고 끝없이 올라가기만 하는 것 같았고, 전진은 현재와 미래의 모든 문제들에 대한 해결책을 약속해주었다.

나에게 최초로 뚜렷하게 각인된 노인의 모습은 나의 할아버지들이었다. 한편으로는 엄격하고 경건하며 삶을 고난으로 생각하는 친할머니, 그녀는 90세 이상이 되었고, 만년에 남편을 먼저 보내고 힘든 생활을 했다. 다른 한편으로는 삶의 기쁨을 누리고 즐길 수 있는 외할아버지, 그는 맑은 정신 상태에서 만족한 삶을 살고 85세로 삶과 이별했다. 그는 항상 나에게 고령에 대한 매력적인 상(像)을 심어준다. 이 두 분은 19세기의 80년대에 태어나 두 번의 전쟁, 배고픔, 재건 기간, 경제 위기 등 전대미문의 역사를 체험했고, 군주국으로부터 민주주의를 거쳐 독재로 그리고 다시 민주주의를 겪었으며, 마차의 시대에서 산업시대에 이르기까지 활동했으며 여러 번의 '문화 혁명'을 실감나게 체험해야만 했다. 할아버지와 할머니는 노년에 대한 두 가지 상

이라는 말로 편지를 받았을지라도 말이다.

을 대변해주고 있다. 즉 우리 스스로도 원하고 있는 매력적이며 긍정적인 노년 그리고 양로원에 대한 끔찍함을 품게 해주는 부정적인 노년.

너무 젊은 것과 너무 늙은 것 사이의 중간 시기란 거의 없다[2)]

일곱 명의 자식 중 다섯 번째인 나는 연령이 위계와 가족 구조에 어떤 핵심적 의미가 부여되고 있는지 일찍부터 파악했다. '그것을 하기에는 넌 아직 어려!'와 '그것을 하기에는 넌 이미 너무 커!' 사이에서 나는 성장했다. 제대로 된 나이라는 복도는 정말 너무 협소할 수 있다. 이러한 예전의 나이 차이는 일생 동안 다른 사람과의 교제에서 사회적 차이의 중요한 기준이다. 그리고 고령에서 일이 년의 차이는 다시 아주 중요하게 될 수 있다.

나는 열 살이 될 때까지 여자가 지배하는 세계에서 성장했다. 즉 집에서는 어머니, 큰 누나, 가정부, 할머니, 유치원에서는 '아주머니', 초등학교에서는 여교사, 플루트 여선생님. 일이 많았던 아버지와 다른 남자들은 이 세계에서는 단지 주변 인물로만 나타났다. 나는 네 살에 처음으로 연장자에 속했다. 즉 신입생이 유치원에 들어왔던 것이다. 또한 몇 가지 점에서도 나는

2) Charles Montesquier.

이미 너무 나이를 먹었다. 예컨대 내 발을 귀 뒤로 옮기는 게 더 이상 가능하지 않았다.

사춘기에는 그 당시 삶에서 최대 희망 중 하나가 나이가 드는 것이었다. 연장자에 속하기 위해 내가 하지 못했던 것, 즉 흡연을 하고 술을 마신다든가 다른 남성 의식들을 따라 해야만 했다. 그 다음으로 군복무는 의례적인 모든 부가적 일, 성년 의식, 담력 실험 등을 거친 '제대로 된' 남자로 나를 만들었다. 1968년 그 당시 나는 '30세 이상은 아무도 믿지 마라!'라는 구호로 대변되었던 사람들에 속했다. 나는 이러한 음속 장벽 저편에서의 삶을 단지 고루한 '정지 상태에서 비참하게 살아가는 것'으로만 상상할 수 있었다. 노인에 대한 젊은이의 투쟁, 노인의 확고하고 자본이 풍부한 세계 저편에서 좀 더 나은 세계에 대한 희망 등이 1970년대 말 사회교육학이라는 나의 학업을 특징 짓게 한다.

나는 27세에 처음으로 시니어에 속하게 되었다. 즉 독일 유스호스텔 시니어 증명서를 갖게 된 것이다. 28세로 나는 거의 성인이 되었다. 세 아이 중 첫 아이의 탄생이 나를 갑자기 늙게 만들었고, 의무감이 별로 없는 학생 생활과 이별하게 했으며, 내가 즉시 그리고 철회할 수 없이 다른 사람에 대한 거의 일생 동안의 구속과 책임감을 수용해야만 하는 것을 인식하게 했다.

나는 몇 년 동안 가정집 같은 노인 기관이며 드물지 않게 양로원으로 가기 전의 중간 단계이기도 했던 정신병원에서 사회복지사로 일했다. 30세에 유치원 원장이 되었을 때 나는 갑자기 '노인'의 역할에 있는 나 자신을 발견했다. 20년 전부터, 다시 말해 30대 중반부터 나는 대학 교수로서 노인(노화) 문제를 연구했다. 미래의 인구 통계학적인 격변은 그 당시 처음으로 막 인식되기 시작했고, 노인학적 인식과 그에 해당하는 도서 시장은 여전히 손쉽게 개관 될 수 있었다.

42세부터 나는 노동청의 정의에 따라 '노령 노동자'에 속하게 되었으며, 동시에 내 큰아들이 처음으로 자전거를 배웠을 때, 실제로 나를 '늙어' 보이게 만들었다. 대학 교수로서 재직하기 시작한 45세 이후부터 내가 오늘날의 '순응적'이며 '비정치적'인 대학의 젊은이들에게 '내 시대에' 대학이 어땠는지 이야기할 때면 나는 늙은 남자가 어떻게 말하는지 내 자신을 통해 간간이 들었다. 나는 아버지와 할아버지가 이미 나에게 말했던 것과 유사하게 말했다.

이제 50대 초반에 이르러 흰 머리가 드러나고, 주름살 크림도 결국 패전하기에 이르자 나는 점점 더 작게 인쇄되는 텍스트에 화가 난다. 이미 오래 전에 나의 이정표 역할을 했던 주름살을 만져보며 간혹 보다 격렬하게 꼬집어보고 깨물어도 본다. 가능하면 나는 젊은이들을 따라가고 죽음으로부터 도망치는 시도를 하는 바로 그런 노인들에 속하고 싶다가도 간혹 실소를 금치 못한다. 그들처럼 나는 하프 마라톤을 완주하기 위해 훈련하고, 사이클을 마련하고, (너무) 많은 일을 한다. 나는 '아직도' 세대에 점점 더 많은 부분 속하게 되고, 내가 '아직도' 할 수 있는 모든 것에 대해 도망치는 젊은이들에게 '아직도' 무언가를 가르칠 수 있는 곳에서 긍지를 느낀다.

내가 여든 네 살이 되면……

여생은 어떻게 될까? 비틀즈의 노래처럼 자유롭게 나는 내 인생을 엮어나갈 것이다.

언젠가 여든넷이 된다면, 현명하고 삶에 만족하여 자식, 손자 그리고 아마 증손자들을 주위에 두고 앉아, 그들의 질문과 근심을 듣고 있기를 바란다. 한 살 많은 아내와 나를 옛날에 불안하게 했던 많은 것들이 세월이 흘러감에 따라 사소한 것이 되었으며, 서로 좋은 날들을 보내는 데 즐거워할 것이다. 여전히 나는 화요일마다 열리는 실내악 오케스트라 연습에 참여하고, 도처에서 노인 상담사로서 상담을 하고, 노인이나 노화에 대한 질문에 많은 것을 말해주어야 할 것이다……

그러나 언제가 여든넷이 된다면, 내 굽은 등도 나와 함께 나이를 먹을 수 있을 것이고, 내 손가락은 바이올린을 켜기에는 너무 뻣뻣해질 것이며, 내 기억력은 나를 곤궁에 빠뜨릴 수 있을 것이다. 그러면 나는 정원이 딸린 쾌적한 단독주택을 포기하고 다세대 주택가에 있는 좀 더 작은 집을 구입했던 25년 전의 결정을 기뻐하며 회고할 수 있기를 바랄 것이다. 구상을 거쳐 세워진 우리 집은 아이들이 여러 많은 질병을 치른 후 견고하고 활력 있는 집이자 생활 공동체로 발전했다. 우리는 많은 이웃들을 후원했다. 노부인 한 명을 부양했고 몇몇 양손자를 보살폈으며 위기에 처한 한 청소년에게 일시적인 피난처가 되어주기도 했다.

이제 나는 마당의 벤치에 앉아 어린아이들이 노는 모습을 바라보며 새로 유행하는 많은 것에 놀라 머리를 흔들 것이다. 그리고 자신을 노인 간병인이라고 소개하면서 예전에 우리와 계약을 했다고 주장하는 여성 방문객을 맞는다. 그녀는 노인 주거그룹으로 거주지를 옮기려는 나의 신청서를 받았으며, 그 그룹은 곧 두 블럭 더 확장될 것이며 거기에는 이미 두 명의 이웃이 있다는 사실을 나에게 상기시켜준다. 오늘같이 정신이 맑은 날에는 이미 몇 년 전에 내린 결정을 기억할 수 있으며 그 결정에 동의를 구할 수 있다. 자식들과 함께 이 모든 것이 철저하게 논의되었다. 우리는 좋은 관계를 유지하고 있는데, 그것은 우리가 양로원으로 가는 것에 대한 한 가닥의 의심도 없었기 때문이기도 했다. 나는 늙은 친지들을 만나고 내가 아끼는 가구를 가지고 이사를 하게 될 그곳을 기대하며 즐거워할 것이다.

나는 예전에 내가 낡은 양로원 막사에 반대해 투쟁했고 그것을 폐쇄하는 데 기여했던 사람에 속했다는 사실에 자부심을 느낀다. 우리는 이 투쟁에서 인구 통계학적인 변화를 인식했고 파산하는 국가의 후원을 받았으며, 그 결과 전문가, 시민단체, 자원봉사자로 구성된 새롭고 환상적인 조합을 이뤄냈다. 그 사이 우리에게는 20명 이상을 수용할 수 있는 양로 시설이 없어졌으며, 주거지 별로 1개의 양로 시설만 남아 있다. 이 시설은 대부분 유치원, 시민을 위한 만남의 장소, 상담소, 가게, 운영 센터 등을 포함하고 있는 복합시설의 일부이다. 내가 언젠가 여든넷이 된다면, 모든 것이 또 한 번 크게 달라질 것이다.

출판사의 주

인쇄를 허락해 주신 여러 출판사와 저작권 소유자분들께 감사를 드립니다. 철저한 조사 작업에도 불구하고 몇몇 텍스트의 경우 저작권 소유자를 찾는 것이 불가능했습니다. 저작권 사용료의 요구는 계속 지속될 것입니다.

감사의 말

몇몇 분들이 이 책을 집필하는 데 용기를 주지 않았다면 이 책은 출간되지 않았을 것이다. 비판과 격려의 말씀을 해주신 하인츠 바르테스Heinz Bartjes 교수, 지그리트 비숍Sigrid Bischof, 브리기테 하머Brigitte Hammer, 하인츠 피셔Heinz Fischer 교수, 울리히 마크Ulrich Mack, 에곤 라우흐Egon Rauch, 이레네 라이펜호이저Irene Reifenhäuser, 에바 레나테 슈미트Eva Renate Schmidt 박사, 빌프리트 지크로흐Wilfried Sigloch에게 감사한다. 라이너 노이츠링이 베푼 친절한 비판은 책의 지금 모습이 되는 데 결정적인 자극을 주었다. 원고를 가치 있고 꼼꼼하게 다듬어준 편집자 유디트 마르크에게 감사의 마음을 전한다.

참고문헌

Améry, Jean, ≪나이에 대하여-반란과 체념*Über das Altern-Revolte und Resignation*≫, (Stuttgart, 1968).

Anonymus, ≪아버지는 어디로? 아들은 부양 시스템에 절망한다*Ein Sohn verzweifelt am Pflegesystem*≫, (Frankfurt 2007).

Benard, Cheryl/Schlaffer, Edith, ≪거리의 남자*Der Mann auf der Straße*≫, (Reinbek, 1980).

Berberich, Hermann/Brähler, Elmar (Hrsg.), ≪생의 후반기의 성과 파트너 *Sexualität und Partnerschaft in der zweiten Lebenshälfte*≫, (Gießen 2001).

Bobbio, Norberto, ≪나이에 대해-드 세네투트*Vom Alter-De senetute*≫, (Berlin, 1998).

Böhnisch, Lothar/Winter, Reinhard, ≪남성의 사회화-인생 여정에서 남성의 성 정체성의 극복 문제*Männliche Sozialisation-Bewältigungsprobleme männlicher Geschlechtsidentität im Lebenslauf*≫, (Weinheim/München, 1993).

Böhnisch, Lothar, <노년에서 남성들의 인생 극복과 상담Lebensbewältigung und Beratung von Männern im Alter>. In: Schweppe, Cornelia (Hrsg.), ≪나이와 사회적 노동-이론적 관계, 과제, 노동 영역*Alter und soziale Arbeit-Theoretische Zusammenhänge, Aufgaben und Arbeitsfelder*≫, (Hohengehren 2005), 77～86쪽.

Brähler, Elmar/Goldschmidt, Susanne/Kupfer, Jörg, <남성과 건강Männer und Gesundheit>. In: Brähler, Elmar/Kupfer, Jörg (Hrsg.), ≪남성과 의학 *Mann und Medizin*≫, (Göttingen 2001), 11～33쪽.

Brandes, Holger/Roemheld, Regine (Hrsg.), ≪남성 규범과 여성 역할. 사회적 노동에서 성의 관계*Männernormen und Frauenrollen. Geschlechterverhältnisse in der sozialen Arbeit*≫, (Leipzig, 1998), 28~52쪽.

Brandes, Holger, ≪남성의 외모*Der männliche Habitus*≫, (Opladen 2002).

Brocher, Tobias, ≪인생의 단계*Stufen des Lebens*≫, (Stuttgart, 1977).

Brod, Harry(ed.), ≪남성성의 형성*The Making of Masculinities*≫, (Boston, 1987).

Bruder, Jens, <체인점 성숙-병에 걸린, 특히 정신 쇠약의 노인의 가족 부양을 위한 중요한 개념>. In: ≪노인심리학과 노인정신병학 잡지*Zeitschrift für Geontopschologie und -psychiatrie,* 1/1988≫, 95~101쪽.

Bruggmann, Michael, ≪자원으로서 늙은 동료의 경험*Die Erfahrung älterer Mitarbeiter als Ressorce*≫ (Wiesbaden 2000).

Bründel, Heidrun/Hurrelmann, Klaus, ≪경쟁, 경력, 붕괴-남성 연구와 남성 신화와의 이별*Konkurrenz, Karriere, Kollaps-Männerforschung und der Abschied vom Mythos Mann*≫ (Stuttgart, 1999).

Bundesministerium für Familie, Senioren, Frauen und Jugend (Hrsg.), ≪1차에서 5차까지의 연방정부의 노인보고서*1. bis 5. Altenbericht der Bundesregierung*≫ (Berlin, 1996~2006).

Butler, Robert N./Lewis, Myrna, I., ≪오래된 사랑은 녹슬지 않는다*Alte Liebe rostet nicht*≫ (Bern, 1996).

Casals, Pablo, ≪긴 노정에서 빛과 그림자. 알베르트 E. 칸에 의해 기록된 기억들*Licht und Schatten auf einem langen Weg. Erinnerungen aufgezeichnet von Albert E. Kahn*≫ (Frankfurt, 1971).

Connell, Robert W., ≪만들어진 남성*Der gemachte Mann*≫(Opladen, 1999)

Dekkers, Midas, ≪시간의 이빨이 모든 것을 갉아 먹는다. 지나간 것의 매력에 대해*An allem nagt der Zahn der Zeit. Vom Reiz der Vergänglichkeit*≫ (München, 1999).

Dinkel, Reiner H./Luy, Marc, <자연인가 아니면 행동인가? 수도원 주민과 일

반 주민의 비교를 통해 과도한 사망률을 해명하기 위한 기고Natur oder Verhalten? Ein Beitrag zur Erklärung der Übersterblichkeit durch einen Vergleich von Kloster- und Allgemeinbevölkerung>. In: ≪인구학 잡지*Zeitschrift für Bevölkerungswissenschaft 2/1999*≫ 105～132쪽.

Dörner, Klaus, ≪내가 겪게 되는 삶과 죽음. 제3의 사회공간과 새로운 보조 시스템*Leben und sterben, wo ich hingehöre. Dritter Sozialraum und neues Hilfesystem*≫ (Neumünster 2007).

Erlemeier, Norbert, ≪노년의 자살과 자살 예방*Suizidalität und Suizidprävention im Alter*≫ (Stuttgart 2002).

Ewers, Hans-Heino/Mikota, Jana/Reulecke, Jürgen/Zinnecker, Jürgen (Hrsg.), ≪전쟁 유년시절의 기억. 사회학적 문화학적 관점에서의 경험 공간, 기억문화 그리고 역사정책*Erinnerungen an Kriegskindheiten. Erfahrungsräume, Erinnerungskultur und Geschichtspolitik unter sozial- und kulturwissenschaftlicher Perspektive*≫ (Weinheim 2006).

Filipp, Sigrun-Heide, <생의 경험과 생의 의미. 나이의 전기적 관점Lebenserfahrung und Lebenssinn. Biografische Aspekte des Alterns>. In: Deutsches Institut für Fernstudienforschung an der Universität Tübingen (Hrsg.), ≪방송통신강좌 나이. 학업단위 3*Funkkolleg Altern. Studieneinheit 3*≫ (Tübingen, 1996).

Fooken, Insa, <노년의 남성-심리학적 사회적 관점Männer im Alter - Psychologische und soziale Aspekte>. In: ≪노인학 잡지*Zeitschrift für Gerontologie 19/1986*≫ 249～275쪽.

Fooken, Insa, <인생 여정에서의 성 관계Geschlechterverhältnisse im Lebenslauf>. In: Jansen, Birgit u.a., ≪사회적 노인학-교사와 실습을 위한 교본*Soziale Gerontlogie-Ein Handbuch für Lehre und Praxis*≫(Weinheim/ Basel, 1999) 441～452쪽.

Fooken, Insa, <'정점 후의' 사회적 손실과 변화-'황혼 이혼' 남성과 여성들의

세대 간 관계의 동력Soziale Verluste und Veränderungen 'nach dem Zenit' - zur intergenerativen Beziehungsdynamik 'spät geschiedener' Männer und Frauen>. In: Perrig-Chiello, Pasqualina/Höpflinger, Francois (Hrsg.), ≪정점의 저편. 생의 후반기의 남성과 여성*Jenseits des Zenits. Männer und Frauen in der zweiten Lebenshälfte*≫(Bern 2000) 99～117쪽.

Forster, Margaret, ≪나는 하일랜드로 가고 있다고 생각한다*Ich glaube ich fahre in die Highlands*≫ (Zürich, 1990).

Fried, Erich, ≪그것이 현재의 상황이다*Es ist was es ist*≫(Berlin, 1983), 개정판 1986.

Friedan, Betty, ≪신화 나이*Mythos Alter*≫ (Reinbeck, 1995).

Geppert, Jochen/Kühl, Jutta (Hrsg.), ≪성과 수명*Gender und Lebenserwartung*≫ (Bielefeld 2006).

Goffman, Erving, ≪망명자 수용소-정신병 환자와 그 외 다른 입원환자의 사회적 상황에 대해서*Asyle - über die soziale Situation psychiatrischer Patienten und andere Insassen*≫ (Frankfurt, 1972).

Gräser, Horst u.a., <파트너 관계에서의 만족:, 14년 종단면에서 잠재적 발전 정도 분석Zufriedenheit in Partnerbeziehungen: Analyse latenter Entwicklungsgradienten im 14-Jahres-Längschnitt>. In: Walper, Sabine/Pekrun, Reinhard (Hrsg.), ≪가족과 발전. 가족 심리학의 현재 전망*Familie und Entwicklung. Aktuelle Perspektiven der Familienpsychologie*≫ (Göttingen 2002) 200～216쪽.

Gronemeyer, Reimer, ≪이리떼로부터 이탈. 노인과 젊은이들의 전쟁 위협에 대해*Die Entfernung vom Wolfsrudel. Über den drohenden Krieg der Jungen gegen die Alten*≫ (Düsseldorf, 1989).

Hagemann-White, Carol, ≪사회화: 여성적인가 아니면 남성적인가*Sozialisation: Weiblich-männlich?*≫ (Opladen, 1984).

Hammer, Eckart/Bartjes, Heinz, <노인노동의 사례로 본 사회 노동에서의 남

성과 남성성Männer und Männlichkeit in der Sozialen Arbeit - am Beispiel Altenarbeit>. In: ≪사회잡지*Sozialmagazin 9/1995*≫ 10～28쪽.

Hammer, Eckart/Bartjes, Heinz, ≪더 많은 남성들이 양로원에서 일한다. 젠더 차별교육 철폐론의 범주에서 전문가의 진단*Mehr Männer in den Altenpflegeberuf. Eine Expertise im Rahmen des Gender Mainstreaming, erstellt vom Caritasverband der Diözese Rottenburg-Stuttgart e.V.*≫ (Eigenverlag Stuttgart 2005).

Hammer, Eckart, <때늦은 자유 또는 종말의 시작? 3번째 인생 단계의 요구 Die späte Freiheit oder der Anfang vom Ende? Herausforderungen der 3. Lebensphase>. In: ≪남성네트워크*Männernetwork 2/2005*≫ 20～35쪽.

Hesse, Hermann, ≪전집 10권: 시*Sämtliche Werke, Band 10: Die Gedichte*≫ (Frankfurt 2002).

Hollstein, Walter, ≪지배자는 아니지만, 힘 있는*Nicht Herrscher, aber kräftig*≫ (Hamburg, 1989).

Hollstein, Walter, <남성성과 건강Männlichkeit und Gesundheit>. In: Brähler, Elmar/Felder, Hildegard (Hrsg.), ≪여성성, 남성성, 건강*Weiblichkeit, Männlichkeit, Gesundheit*≫(Opladen, 1992) 64～75쪽.

Höpflinger, Francois, ≪노년의 남성*Männer im Alter*≫ Hrsg. Pro Senectude Schweiz. (Zürich 2002).

Hoppe, Birgit, <노화의 성 차이Geschlechterdifferenz des Alterns>. In: Hoppe, Birgit/Wulf, Christoph (Hrsg.), ≪노화는 미래를 필요로 한다 *Altern braucht Zukunft*≫ (Hamburg, 1996) 77～93쪽.

Hurrelmann, Klaus/Ulich, Dieter (Hrag.), ≪사회화 연구의 신 지침서*Neues Handbuch der Sozialisationsforschung*≫ (Weinheim, 1991) 279～301쪽.

Imhof, Arthur E., ≪300년 이래 수명의 연장과 그 결과*Die Zunahme unserer Lebensspanne seit 300 Jahren und ihre Folgen*≫ (Stuttgart, 1996).

Janosch, ≪내가 너를 건강하게 만들어줄게 라고 곰이 말했다*Ich mach dich*

gesund, sagte der Bär≫ (Zürich, 1985).

Jellouschek, Hans, ≪세멜레, 제우스 그리고 헤라. 삼각관계에서 연인의 역할 *Semele, Zeus und Hera. Die Rolle der Geliebten in der Dreiecksbeziehung*≫ (Stuttgart, 1987).

Jellouschek, Hans, ≪직장과 결혼했다*Mit dem Beruf verheiratet*≫(Zürich, 1996).

Keding, Joachim E., <남성과 그 자신의 시간Der Mann und seine eigene Zeit>. In: ≪정보잡지*Magazin info 3, Oktober*≫ 2002a.

Keding, Joachim E., ≪이제부터 좋아지고 있다-갱년기의 남성Von nun an geht's bergauf - Männer in den Wechseljahren≫ (Esslingen, 2002).

Klein, Thomas, <사회적 위치와 수명. 사회 경제학적 응답자 데이터를 통한 코호트 관련 분석Soziale Position und Lebenserwartung. Eine kohortenbezogene Analyse mit den Daten des sozio-ökonomischen Panels>. In: ≪노인학 잡지*Zeitschrift für Gerontologie 26/1933*≫ 313～320쪽.

Koch-Straube, Ursula, <머리를 잃는 두려움에 대해Von der Angst, den Kopf zu verlieren>. In: ≪사회화 포럼*Forum Sozialisation 61/1992*≫ 13～19쪽.

Koch-Straube, Ursula, ≪낯선 세계 양로원*Fremde Welt Pflegeheim*≫ (Bern, 1997).

Köpf, Gerhard, ≪노신사Ein alter Herr≫ (Tübingen 2005).

Kruse, Andreas/Martin, Mike (Hrsg.), ≪노인학 백과사전*Enzyklopädie der Gerontologie*. 여러 학문 분야의 시각에서 바라본 노화 과정 *Alternsprozesse in multidisziplinärer Sicht*≫ (Bern 2004).

Kunz, Fred/Brunatti, Renato, ≪노인 정신병동에서의 남성 특수적 노동-남성 거주자 생활조건 향상을 위한 간학문적-속도법상의 단초. 사회복지학교의 미출판 학위논문*Männerspezifische Arbeit in einem geronto-psychiatrischen Krankenheim-ein interdisziplinär-agogischer Ansatz zur Verbesserung der Lebensbedingungen der männlichen Bewohner.*

Unveröffentlichte Diplomarbeit an der Schule für Soziale Arbeit≫ (Zürich, 1998).

Lambrecht, Petra/Bracker, Maren, ≪남성들의 간병 준비-50년 동안 마냥 내버려둘 수는 없다*Die Pflegebereitschaft von Männern - 50 Jahre kann man nicht einfach beiseite schieben*≫ (Kassel, 1992).

Linnemann, Gregor, <남성들은 다르게 죽는가Sterben Männer anders?>. In: ≪별도의 사회*Sozial extra*≫ 10/2005.

Luy, Marc, <지나치게 높은 남성 사망률의 원인: 수녀와 수도사의 도덕성에 관한 연구Ursachen der männlichen Übersterblichkeit: Eine Studie über die Moralität von Nonnen und Mönchen>. In: Geppert, Jochen/Kühl, Jutta (Hrsg.), ≪성과 수명*Gender und Lebenserwartung*≫ (Bielefeld 2006) 36~76쪽.

Marti, Kurt, ≪조사. 페터 빅셀의 머리말*Leichenreden. Mit einem Vorwort von Peter Bichsel*≫ (München 2001).

Mayer, Karl Ulrich/Baltes Paul B.(Hrsg.), ≪베를린 노년 연구*Die Berliner Altersstudie*≫ (Berlin, 1999).

Müller-Schöll, Albrecht, ≪학술대회 "연대 공동체 또는 세대 전쟁? 20세기 말의 노년과 젊음". 1996년 9월 6일에서 8일까지 튀링엔 개신교 아카데미에서 발표된 미출간 강연*Unveröffentlichter Vortrag bei der Tagung "Solidargemeinschaft oder Krieg der Generationen? Alt und Jung am Ende des 20. Jahrhunderts" vom 6.-8.9.96 in der Evangelischen Akademie Thüringen*≫ (Neudientendorf).

Nadolny, Sten, ≪느림의 발견*Die Entdeckung der Langsamkeit*≫ (München, 1993).

Neutzling, Rainer, <남성과 마우스로-왜 남성들이 여성들보다 더 많이 자살하는가Mit Mann und Maus - Warum sich mehr Männer als Frauen umbringen>. In: ≪사회잡지*Sozialmagazin 6/2003*≫ 30~38쪽.

Niederfranke, Annette, <노년은 여성적이다. 여성과 남성은 나이를 다르게 먹는

다Das Alter ist weiblich. Frauen und Männer altern unterschiedlich>. In: Deutsches Institut für Fernstudienforschung an der Universität Tübingen (Hrsg.), ≪방송교재 노화. 학업단위 10*Funkkolleg Altern. Studieneinheit 10*≫ (Tübingen, 1996).

Olshansky, S. Jay/Carnes, Bruce A., ≪영원히 젊은? 노년 연구와 장수의 약속 *Ewig jung? Altersforschung und das Versprechen vom langen Leben*≫ (München 2002).

Perrig-Chielleo, Pasqualina/Höpflinger, Francois (Hrsg.), ≪정점을 넘어서-생의 후반기의 여성과 남성*Jenseits des Zenits - Frauen und Männer in der zweiten Lebenshälfte*≫ (Bern 2000) 61～74쪽.

Peseschkian, Nossrat, ≪상인과 앵무새*Der Kaufmann und der Papagei*≫ (Frankfurt, 1979).

Peseschkian, Nossrat/Kornbichler, Thomas, ≪동양-서양. 문화의 대화에서 긍정적인 심리치료*Morgenland - Abendland. Positive Psychotherapie im Dialog der Kulturen*≫ (Frankfurt 2003).

Peters, Meinolf, ≪노년의 임상적 발전심리학*Klinische Entwicklungspsychologie des Alters*≫ (Göttingen 2004).

Petzold, Hilarion/Heinl, Hildegund, <노동계 장애 치료에서 형태 치료적 초점진단과 초점간섭Gestalttherapeutische Fokaldiagnose und Fokalintervention in der Behandlung von Störungen aus der Arbeitswelt>. In: ≪통합치료학*Integrative Therapie 1/80*≫ 20～57쪽.

Pirsig, Robert, ≪선(禪)과 오토바이를 기다리는 예술*Zen und die Kunst ein Motorrad zu warten*≫ (Frankfurt, 1974).

Postmann, Neil, ≪유년의 사라짐*Das Verschwinden der Kindheit*≫ (Frankfurt, 1984).

Radebold, Hartmut, ≪출석하지 않은 아버지들*Abwesende Väter*≫ (Göttingen, 2002).

Radebold, Hartmut, ≪전쟁으로 상처 입은 유년시절*Beschädigte Kriegskindheit*≫ (Gießen, 2003).

Rassek, Michael, <남성은 낯선 나라와 같다Männer sind wie fremde Länder>.

In: ≪심리사회*Psychosozial 4/1996*≫ 15～22쪽.

Rosenmayr, Leopold, <문화 비교로 본 노년의 위치Alterspositionen im Kulturvergleich>. In: Landeszentrale für politische Bildung Baden-Würtemberg (Hrsg.), ≪늙은, 노화하고 있는 사회, 노인정책*Alte, alternde Gesellschaft, Altenpolitik. 4/1995*≫ 167～171쪽.

Schlachtner, Christel, ≪원전 사고와 같은 나이. 고유 의미에 대한 권리를 위하여*Störfall Alter. Für ein Recht auf Eigen-Sinn*≫ (Frankfurt, 1988).

Scherf, Henning, ≪회색은 칼라다. 노년에 가능한 것*Grau ist bunt. Was im Alter möglich ist*≫ (Freiburg, 2006).

Schnack, Dieter/Neutzling, Rainer, ≪곤궁에 빠진 어린 영웅들-남성성을 찾아 나선 젊은이*Kleine Helden in Not - Jungen auf der Suche nach Männlichkeit*≫ (Reinbek, 1990).

Schulz von Thun, Friedemann/Ruppel, Johannes/Stratmann, Roswitha, ≪서로 대화하기: 리더십을 위한 의사소통 심리학*Miteinander reden: Kommunikationspsychologie für Führungskräfte*≫ (Reinbek, 2000).

Schützendorf, Erich, ≪평안하게 나이들 수 있을까? 투박한 논평*In Ruhe alt werden können? Widerborstige Anmerkungen*≫ (Frankfurt, 2005).

Senf, Tilman, ≪간병하는 남성, 그리고 그들도 정말 존재한다*Pflegende Männer … und es gibt sie doch*≫ (Stuttgart, 1996).

Shapiro, Joan, ≪남성은 낯선 나라와 같다*Männer sind wie fremde Länder*≫ (Frankfurt, 1992).

Stark, Ulf/Höglund, Anna, ≪휘파람을 불 수 있니, 요한나*Kannst du pfeifen, Johanna*≫ (Hamburg, 1992).

Steffensky, Fulbert, <노년: 자기 스스로를 통해선 바르게 할 수 없다Das Alter: Man kann sich nicht mehr durch sich selbst rechtfertigen>. In: ≪형제의 집 구호사업 사회*Bruderhausdiakonie sozial 3/2006*≫.

Stephan, Cora, <세대 전쟁이 임박해 있는가Droht ein Krieg der Generationen?> In: ≪시점: 노년에 대해 두려움이 없음*Zeitpunkte: Keine Angst vor* *dem Alter. 1/96*≫ 50~53쪽.

Suter, Martin, ≪작은 세계*Small World*≫ (Zürich, 1997).

Sydow von, Karin: ≪노인들의 사랑의 즐거움*Die Lust auf Liebe bei älteren Menschen*≫ (München, 1992).

Thane, Pat (Hrsg.), ≪노년-문화사*Das Alter-eine Kulturgeschichte*≫ (Darmstadt, 2005).

Thimm, Caja, ≪노인-언어-성 · 노년의 언어학적, 의사소통학적 전망*Alter-Sprache-Geschlecht. Sprach- und kommunikationswissenschaftliche Perspektiven auf das höhere Lebensalter*≫ (Frankfurt, 2000).

Thompson, Edward H. (Ed.), ≪노인의 삶*Older Men's Lives*≫(Thousand Oaks, 1994).

Tremmel, Jörg, ≪세대 사기. 미래 젊은이들을 위한 변론*Der Generationsbetrug. Plädoyer für das Recht der Jugend auf Zukunft*≫ (Frankfurt, 1996).

Unger, Ulrike/Brähler, Elmar, <노년의 섹스-표본 설문조사의 결과Sexuelle Aktivität im Alter-Ergebnisse einer Repräsentativbefragung>. In: Kruse, Andreas (Hrsg.), ≪심리사회학적 노인학, 1권 기초과정*Psychosoziale Gerontogie, Band 1 Grundlagen*≫ (Göttingen, 1998).

Zeier, Hans, <50플러스-이제 무엇을? 육체적 변화, 후반기 삶을 위한 기회50 Plus-was nun? Körperliche Veränderungen, Chancen für die zweite Lebenshälfte>. In: ≪남성 네트워크-남성 생활 매력*Männernetzwerk-Faszination Männerleben. 2/2005*≫ 2~18쪽.

Zeier, Hans, ≪쉰이 넘은 남성. 육체적 변화, 후반기 삶을 위한 기회. 2판*Männer über fünfzig. Körperliche Veränderungen - Chancen für die zweite Lebenshälfte. 2.Auflage*≫ (Bern, 2002).

남자는 나이를 다르게 먹는다

초판 1쇄 인쇄 | 2015년 10월 13일
초판 1쇄 발행 | 2015년 10월 20일

저 자 | 에카르트 하머
역 자 | 최경은
발행인 | 박성복
발행처 | 도서출판 월인
서울특별시 강북구 노해로25길 61(수유2동 252-9)
등 록 | 제6-0364호
등록일 | 1998년 5월 4일
전 화 | (02) 912-5000
팩 스 | (02) 900-5036
www.worin.net

ISBN 978-89-8477-600-5 93330

☞ 값은 뒤표지에 있습니다.